T0128389

essentials

essentials liefern aktuelles Wissen in konzentrierter Form. Die Essenz dessen, worauf es als „State-of-the-Art" in der gegenwärtigen Fachdiskussion oder in der Praxis ankommt. *essentials* informieren schnell, unkompliziert und verständlich

- als Einführung in ein aktuelles Thema aus Ihrem Fachgebiet
- als Einstieg in ein für Sie noch unbekanntes Themenfeld
- als Einblick, um zum Thema mitreden zu können

Die Bücher in elektronischer und gedruckter Form bringen das Fachwissen von Springerautor*innen kompakt zur Darstellung. Sie sind besonders für die Nutzung als eBook auf Tablet-PCs, eBook-Readern und Smartphones geeignet. *essentials* sind Wissensbausteine aus den Wirtschafts-, Sozial- und Geisteswissenschaften, aus Technik und Naturwissenschaften sowie aus Medizin, Psychologie und Gesundheitsberufen. Von renommierten Autor*innen aller Springer-Verlagsmarken.

Ralf Hohmann

Wertpapierleihe und Repos

Überrenditen mit äquivalenten Instrumenten und ausgewählten Strategien

Ralf Hohmann
Hamburg, Deutschland

ISSN 2197-6708 ISSN 2197-6716 (electronic)
essentials
ISBN 978-3-658-38620-7 ISBN 978-3-658-38621-4 (eBook)
https://doi.org/10.1007/978-3-658-38621-4

Die Deutsche Nationalbibliothek verzeichnet diese Publikation in der Deutschen Nationalbibliografie; detaillierte bibliografische Daten sind im Internet über http://dnb.d-nb.de abrufbar.

Planung/Lektorat: Guido Notthoff
Springer VS ist ein Imprint der eingetragenen Gesellschaft Springer Fachmedien Wiesbaden GmbH und ist ein Teil von Springer Nature.
Die Anschrift der Gesellschaft ist: Abraham-Lincoln-Str. 46, 65189 Wiesbaden, Germany

Was Sie in diesem *essential* finden können

- Unterschiedliche Erscheinungsformen und Definitionen von Wertpapierleihe und Repos
- Unterschiedliche Marktteilnehmer und deren Motive bei der Anwendung von Wertpapierleihe und Repos
- Darstellung von Kosten und Erlösen sowie Risiken für einzelne Marktteilnehmer
- Annahmendiskussion für die Finanzmärkte in Deutschland
- Darstellung unterschiedlicher Strategien für und mit Wertpapierleihe und Repos

Prolog

Die historischen Kursverluste in 2008 und 2009 auf den internationalen Wertpapiermärkten folgten der Subprime Krise auf den amerikanischen Hypothekenmärkten. Bankeninsolvenzen führten zu staatlichen Beteiligungen an einzelnen Banken. Ebenso erfolgten drastische Zinssenkungen der Notenbanken als vermeintlich letzter Rettungsversuch, um eine Ausweitung der Finanzkrise zu verhindern. Die Ausprägungen der Kursverluste und anschließende Gewinne führten zu historisch hohen Volatilitäten. Unsicherheit mit Blick auf die Zukunft und existentielle Befürchtungen prägten die Diskussion der Ereignisse.

Durch die Krise ergaben sich neue Sichtweisen und Bewertungen von börslichen und außerbörslichen Investitionsentscheidungen. Neben Erklärungsversuchen für das Geschehene wurden Forderungen erhoben, wie Geld- und Kapitalmärkte in der Zukunft zu regeln sind. Mit dem Bestreben, durch ausgewählte Mittel die Wiederholung der Ereignisse künftig zu vermeiden, wurden besonders höhere Kapitalanforderungen an beteiligte Banken gestellt. Ebenso wurden viele außerbörsliche Derivate als wesentliche Auslöser der Krise öffentlich geächtet. Auch die Wertpapierleihe wurde zeitweise untersagt, um durch fehlende Leerverkäufe den Druck auf die Aktienkurse vermeintlich schwinden zu lassen.

Es erfolgte das Gegenteil. Marktteilnehmer konnten ihre Kassamarkt-Positionen nicht sichern, geeignete Instrumente am Terminmarkt standen nicht mehr zur Verfügung. Um das Risiko abzubauen, ergab sich nur ein Verkauf der Positionen, ohne sie später zurückkaufen zu müssen. Der entsprechende Verkaufsdruck durch gleichförmiges Verhalten vieler Marktteilnehmer erhöhte sich, Kursverluste weiteten sich aus.

Die Wertpapierleihe als ein Weg für Leerverkäufe ist nicht alleinig zur Sicherung von Kassamarktpositionen geeignet. Die Wertpapierleihe stellt auch eine wesentliche Voraussetzung dar, um Optionen am Terminmarkt bewerten zu können. Deren Bewertung nach der Optionspreistheorie ist ohne die Wertpapierleihe theoretisch nicht möglich. Werden am Markt gleichzeitig keine Derivate als Substitut gehandelt, ist die Bewertung eines Portfolios aus Kassa- und Terminmarktpositionen schwer praktikabel. Für die Jahresabschlüsse von Banken, Versicherungen und anderen Kapitalsammelstellen ist dies nicht hinnehmbar.

Die Bewertung regulatorischer und/oder politischer Einschränkungen von Wertpapierleihe und Repos wird Gegenstand späterer Untersuchungen sein. Dies umso mehr, wenn Wertpapierleihe und Repos wieder das gleiche oder ein größeres Volumen verzeichnen als vor der Krise.

Die vorliegende Arbeit hat als Ziel, unterschiedliche Erscheinungsformen und bestimmte Transaktionen mit Wertpapierleihe und Repos darzustellen. Mit Wertpapierleihe und Repos sowie mit ausgewählten Strategien sind Renditen zu erzielen, die über dem risikofreien Zinssatz für entsprechende Laufzeiten liegen. Marktteilnehmer nutzen dafür Differenzarbitrage und Ausgleichsarbitrage mit unterschiedlichen Zinssätzen und Prämien am Markt um eine Überrendite zu erzielen. Es handelt sich dabei nicht um reines Short-Selling. Zinsen und Prämien am Markt sollten durch diese Transaktionen theoretisch zum Gleichgewicht streben. Die Marktteilnehmer fördern so die Effizienz des Marktes, die dadurch veränderten Prämien und Zinssätze kommen allen Marktteilnehmern zugute.

Inhaltsverzeichnis

Abkürzungsverzeichnis

AG	Aktiengesellschaft
AIG	American International Group
AO	Abgabenordnung
BAK	Bundesaufsichtsamt für das Kreditwesen
BBankG	Gesetz über die Deutsche Bundesbank
BGB	Bürgerliches Gesetzbuch
BNP	Banque National de Paris
bzw.	beziehungsweise
CAPM	Capital Asset Pricing Modell
DAX	Deutscher Aktienindex
CEDEL	Centrale de Livraison de Valeurs
CFD	Contracts for Difference
DB	Die Bank
d. h.	das heißt
DKV	Deutscher Kassenverein
DTB	Deutsche Terminbörse
ebda.	Ebenda
EDV	elektronische Datenverarbeitung
EMT	Efficient Market Theory
ETFs	Exchange Traded Funds oder Futures
EU	Europäische Union
EUR	Euro
EUREX	European Exchange
e. V.	eingetragener Verein
FAZ	Frankfurter Allgemeine Zeitung
ff.	ferner folgend

FN.	Fußnote
FT	Financial Times
ggfs.	gegebenenfalls
HB	Handelsblatt
Hrsg.	Herausgeber
i. d. R.	in der Regel
IHT	International Herald Tribune
INYT	International New York Times
insbes.	insbesondere
Jg.	Jahrgang
KAGG	Kapitalanlagegesetz
KWG	Kreditwesengesetz
Mill.	Millionen
Mio	Millionen
Mrd.	Milliarden
Nr.	Nummer
o.V.	ohne Verfasser
REPO	Repurchase Agreements
S.	Seite
SEC	Securities And Exchange Commission
u. U.	unter Umständen
US	United States
USD	US Dollar
VAG	Versicherungsaufsichtsgesetz
vgl.	vergleiche
Vol	Volume
WPL	Wertpapierleihe
z. B.	zum Beispiel

Symbolverzeichnis

Aus	Ausgleichzahlung in T
C	Kurs/Preis eines europäischen Call/Kaufoption
Er_t	Zins- und Kapitalerträge in T
F_t	Kurs eines Future in t
$G_{Hed,E,T}$	Ergebnis einer Hedge mit Entleihe in T
$G_{WPL,E,T}$	Gewinn Wertpapierleihe für Entleiher in T
$G_{WPL,V,T}$	Gewinn Wertpapierleihe für Verleiher in T
K	Basispreis einer Option
K_t	Basispreis einer Option in t
§	Paragraph
%	Prozent
Repo	Repo
r	Zinssatz
r_f	risikofreier Zinssatz
r_{Repo}	Repo-Rate in Prozent
r_{WPL}	Leihgebühr/-prämie in Prozent
P	Kurs/Preis eines Put/Verkaufoption
S	Kurs des Wertpapiers/Aktie
S_T	Kurs des Wertpapiers/Aktie in T
S_t	Kurs des Wertpapiers/Aktie in t
$S_{t,Repo}$	Kurs einer über einen Repo verkauften Aktie
$S_{t,WPL}$	Kurs einer über eine Wertpapierleihe verliehenen Aktie
t	Anfang des Zeithorizonts
T	Ende des Zeithorizonts
$(T - t)$	Zeitraum von T minus t
V	Vermögen/Barmittel

V_t	Wert/Kurs des Vermögens in t
$V_{t,Repo}$	Wert/Kurs über einen Repo verkauftes Vermögen
WP	Wertpapier
WPL	Wertpapierleihe

Abbildungsverzeichnis

1 Einführung und Gang der Untersuchung

Wertpapierleihe und Repos stellen wesentliche Instrumente für deutsche Kassa- und Terminmärkte dar. Sie stützen den Handel auf den Kassamärkten und machen Geschäfte auf den Terminmärkten erst möglich (Blitz und Illhardt 1990, S. 142). Sie verbessern die Liquidität der Kassamärkte und erhöhen die Anzahl der gehandelten Papiere. Die Wertpapierleihe verkürzt gegebenenfalls die Haltedauer einzelner Papiere, der Emissionsmarkt findet Unterstützung. Die Wertpapierleihe und Repos erhöhen die Markttiefe und erleichtern die Abwicklung von Transaktionen auf Kassa- und Terminmärkten (Limmert 1994, S. 78–79; Faulkner 2005, S. 3). Gleichzeitig ermöglichen sie es durch Hedge- und Arbitrage-Möglichkeiten situativ aus bestehenden Positionen zusätzliche Erträge zu erzielen. Für die Bewertung von Optionen und Futures ist die Wertpapierleihe herausragend (Jurtgeit 1989, S. 102–108; Hohmann 1996, S. 33–39). Über die Wertpapierleihe und Repos wird die Markteffizienz erhöht, die Efficient-Market-Line steigt.

An internationalen Kassa- und Terminmärkten gehören Wertpapierleihe und Repos zu den am häufigsten verwendeten Instrumenten (Faulkner 2005, S. 63). Die Wertpapierleihe hatte in 2012 ein Volumen von täglich 1,7 Billionen US$ weltweit (o.V. 4.9.2013, S. 2). Repos hatten am 13.6.2013 in Deutschland ein ausstehendes Volumen von EUR 185,6 Mrd. Diese Zahlen beeindrucken im Vergleich zu den Geschäften an deutschen Terminmärkten in 2010 mit 1,9 Mrd. Kontrakten (o.V. 24.9.2013, S. 3).

In Teil 2 dieser Arbeit werden Erscheinungsformen der Wertpapierleihe und Repos dargestellt. Rechtliche Grundlagen und die Transaktionen mit Wertpapierleihe und Repos werden gezeigt. Es folgen die unterschiedlichen Marktteilnehmer und ihre Motive beim Eingehen der jeweiligen Positionen. Besonders untersucht werden die Erlöse und Kosten sowie die Risiken und Sicherheiten, die aus einzelnen Positionen resultieren können. Darauf folgt eine Annahmendiskussion für deutsche Kassa- und Terminmärkte. Die notwendigen Annahmen werden mit

R. Hohmann, *Wertpapierleihe und Repos*, essentials,
https://doi.org/10.1007/978-3-658-38621-4_1

der Realität auf deutschen Finanzmärkten verglichen und deren Realitätsnähe diskutiert.

Teil 3 zeigt unterschiedliche Strategien, die mit Wertpapierleihe oder/und mit Repos aufzubauen sind. Zu untersuchen sind Strategien mit Wertpapierleihe und Terminkontrakten auf Aktien und Aktienindizes. Vergleichbares Vorgehen folgt für Strategien mit Wertpapierleihe und Optionen. Die identische Vorgehensweise für Repos erfolgt anschließend. Danach folgen Strategien, die Wertpapierleihe und Repos kombinieren. Hier sind wieder Strategien mit Wertpapierleihe, Repos, Aktien und den jeweiligen Indizes und Optionen zu beleuchten. Anleihen, Anleihenindizes und entsprechende Derivate werden im Rahmen des vorliegenden Textes aus Platzgründen nicht dargestellt.

Die Arbeit schließt mit einer Zusammenfassung und einem Ausblick zukünftiger Untersuchungsgegenstände.

2 Erscheinungsformen der Wertpapierleihe und Repos

2.1 Wertpapierleihe

2.1.1 Definition, Grundformen und Sonderformen

Rechtlichen Grundlagen für ausgewählte Marktteilnehmer sind im Folgenden nur kurz aufzuzeigen.

Die Wertpapierleihe stellt kein Leihvertrag gemäß § 598 BGB dar. Der Verleiher überträgt Wertpapiere für eine bestimmte Zeit an einen Entleiher. Sie ist daher ein entgeltliches Sachdarlehen im Sinne der §§ 607 ff. BGB, bei dem der Entleiher sich verpflichtet, Wertpapiere gleicher Ausstattung und Anzahl nach Ablauf einer vereinbarten Zeit an den Verleiher zurückzuerstatten (siehe Häuselmann und Wiesenbart 1990, S. 2129; Leez 2007, S. 1–2). Der Entleiher zahlt eine Entleihgebühr am Ende der Leihedauer an den Verleiher als Gegenleistung. Er muss während der Leihe Sicherheiten stellen, die dem Wert der entliehenen Wertpapiere zuzüglich einer Sicherheitsmarge entsprechen (Sloan 1997, S. 247).

Die Wertpapierleihe entspricht nicht einem Kredit gem. § 19 KWG. Die §§ 13–18 KWG sind auch nicht anzuwenden. Grundsatz I und Ia des BAK gelten für Banken, deren eingegangene Verleihgeschäfte zu den risikotragenden Geschäften zählen und daher mit Eigenkapital zu unterlegen sind. Bei Wertpapierleihegeschäften besteht jedoch eine Anzeigepflicht gegenüber der Bundesbank gem. § 24 KWG. Entleihen Banken Wertpapiere, dann gelten diese nicht als Einlagen oder entliehene Gelder, da sie sachliche Lieferverpflichtungen gem. § 16 Bundesbankgesetz darstellen. Sie unterliegen nicht der Mindestreservepflicht. Bei an den Verleiher übergebenen Barsicherheiten besteht hingegen die Mindestreservepflicht (Limmert 1994, S. 7).

R. Hohmann, *Wertpapierleihe und Repos*, essentials,
https://doi.org/10.1007/978-3-658-38621-4_2

Bei Wertpapierleihegeschäften von Versicherungen gelten die Kapitalanlagevorschriften des Versicherungsaufsichtsgesetzes. In § 54 VAG ist geregelt, wie hoch die prozentuale freie Anlage des Deckungsstocks und des übrigen gebundenen Vermögens sein kann. Hierbei kann die 5-% Grenze unter Umständen überschritten werden.

Die §§ 8 und 9 KAGG regeln die Anlagegrundsätze für Investmentfonds als Kapitalanlagegesellschaften. Als Sondervermögen der Kapitalanlagegesellschaften ist die Wertpapierleihe nicht zulässig (Limmert 1994, S. 7–8).

Hedge-Fonds und Private-Equity-Marktteilnehmer unterliegen noch keinen besonderen rechtlichen Einschränkungen. Ab 2009 hatte es jedoch den Anschein, als ob der Gesetzgeber zukünftig auch diese Marktteilnehmer und deren Transaktionen in Wertpapierleihen und Repos regulatorisch umfassen wollte.

Die rechtlichen Grundlagen können hier nicht weiter dargestellt werden. Ziel dieser Arbeit ist, Strategien mit Wertpapierleihe und Repo und deren Durchführbarkeit darzustellen. Die Frage der rechtlichen Zulässigkeit für einzelne Marktteilnehmer ist Aufgabe vertiefender juristischer Arbeiten.

Marktteilnehmer erstklassiger Bonität können bzw. konnten auf ausgewählten Märkten, Wertpapiere entleihen, ohne Sicherheiten stellen zu müssen. Ebenso ist bzw. war es möglich, Wertpapiere zu verkaufen, die zuvor gar nicht entliehen wurden. Dieser Umstand ist Voraussetzung für die ungedeckte Wertpapierleihe (siehe Kumar 2015, S. 120–121).

Die Vermögens- und Verwaltungsrechte während der Wertpapierleihe sind nur kurz darzustellen (siehe Limmert 1994, S. 19–22; Cahn und Ostler 2008, S. 23–24). Zu Beginn der Wertpapierleihe überträgt der Verleiher die Wertpapiere für eine bestimmte Zeit auf das Wertpapierkonto des Entleihers. Der Entleiher wird so zum wirtschaftlichen Besitzer der Wertpapiere und erhält die Möglichkeit, über diese Wertpapiere entsprechend zu verfügen. Der Verleiher ist aber weiterhin Eigentümer im Sinne des § 598 BGB, trotz Verlustes der Verfügungsmacht über die Wertpapiere.

Der Verleiher bleibt Eigentümer der verliehenen Wertpapiere, er ist damit Nutznießer der den Wertpapieren zustehenden Vermögens- und Verwaltungsrechten. Vermögenspositionen wie Zinsen und Dividenden, Bezugsrechte oder Gratisaktien, Umtauschangebote oder Steuergutschriften gehen an den Verleiher. Wenn diese Positionen nicht in direkter Form vorliegen, z. B. durch Ausgleichszahlungen, reicht der Entleiher diese an den Verleiher weiter. Stimmrechte von Aktien jedoch verbleiben bei dem Besitzer, dem Entleiher, am Tag der Hauptversammlung, außer wenn es in Individualverträgen anders geregelt ist. (Ledwig 2017, S. 6–7, 8–11; Jörg 2020, S. 25–26).

Zurechnung von:	Verleiher	Entleiher
Eigentum	x	
Besitz		x
Erträge aus Leihe Wertpapier	x	
Erträge aus Sicher-heiten	(x)	x
Stimmrechte		(x)

Abb. 2.1 Zurechnung von Eigentum, Besitz und Erträgen

Die entliehenen Wertpapiere sind gem. § 39 AO dem Entleiher zuzurechnen, die Bilanzierung beim Verleiher ist nicht möglich. Zinserträge von Sicherheiten, z. B. von zinstragenden Wertpapieren oder Bareinlagen die am Geldmarkt investiert werden, fallen auch dem Entleiher zu (siehe Oegerli 1991, S. 43; Jacklin und Felsenthal 1997, S. 116).

Die Zurechnung des Eigentums, des Besitzes und der Erträge zwischen Ver- und Entleiher sind in Abb. 2.1 dargestellt.

Die Gewinn des Verleihers besteht aus der Leihgebühr für die Wertpapierleihe zuzüglich der Ausgleichzahlungen abzüglich der Zins- und Kapitalerträge aus gestellten bzw. erhaltenen Sicherheiten und Provisionen für eventuelle Intermediäre (Jensen und Scheetz 1997, S. 90–94; Chichilinsky 2012, S. 5–8; Parnes 2020, S. 3–4, 37–43).

Der Gewinn der Wertpapierleihe für den Verleiher in T lässt sich mit Formel 1 darstellen:

Formel 1: $G_{WPL,V,T} = (S_t * r_{WPL})^{(T-t)} + Aus - Er_t$

mit: $G_{WPL,V,T}$ = Gewinn Wertpapierleihe für Verleiher in T,
S_t = Kurs des Wertpapiers in t,
Aus = Ausgleichzahlungen in T,
Er_t = Zins- und Kapitalerträge in T,
r_{WPL} = Leihgebühr oder -prämie in Prozentangabe,
t = Anfang des Zeithorizonts,
T = Ende des Zeithorizonts

Form oder Ausprägungen von Wertpapierleihegeschäften in Deutschland sind nicht rechtlich vorgeschrieben (Limmert 1994, S. 10; Kokologiannis 2012, S. 38).

Es gibt unterschiedliche Methoden einzelner Geschäfte, wie sie nachstehend dargestellt sind.

Bei der Agent-Methode tritt ein Intermediär zwischen Verleiher und Entleiher. Häufig agiert eine Bank als Vermittler oder Makler. Im eigenen Namen der Bank schließt sie mit dem Entleiher ein Wertpapierleihegeschäfte ab, aber auf fremde Rechnung des Kunden. Die Bank übernimmt als Kommissionär die Geschäftsvermittlung sowie die formalen Aufgaben der Geschäftsdurchführung und erhält dafür eine Provision (Limmert 1994, S. 8; Nazzaro 2005, S. 67–72). Für bestehende Bonitätsrisiken fordert sie eine Sicherheit für die Übernahme dieser Risiken.

In Abb. 2.2 ist die Vorgehensweise der Marktteilnehmer bei der Agent-Methode dargestellt (siehe Cohen et al. 2004, S. 11; Kiefer und Mabry 2005, S. 104).

Vorgehensweise und Darstellung der Agent-Methode sind ähnlich jener von Zinsswaps. Bei Zinsswaps werden zwischen zwei Marktteilnehmern kurz- und langfristige Zinszahlungsverpflichtungen ausgetauscht. Häufig fungiert eine Bank als Intermediär, welche die beiden Swappartner zueinander führt (siehe Van Horne 1994, S. 193–205; Fabozzi 1996, S. 548–571).

Bei der Principal-Methode handeln Verleiher und Intermediär jedoch direkt miteinander. Der Intermediär tritt als Entleiher auf, der die entliehenen Wertpapiere für sich selbst verwendet oder an dritte Marktteilnehmer weiter verleiht (Faulkner und Sackville 1997, S. 54–55; Nazzaro 1997, S. 72–73).

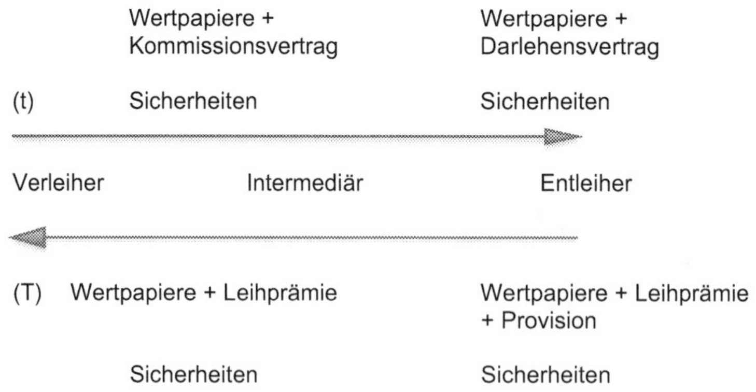

Abb. 2.2 Agent-Methode

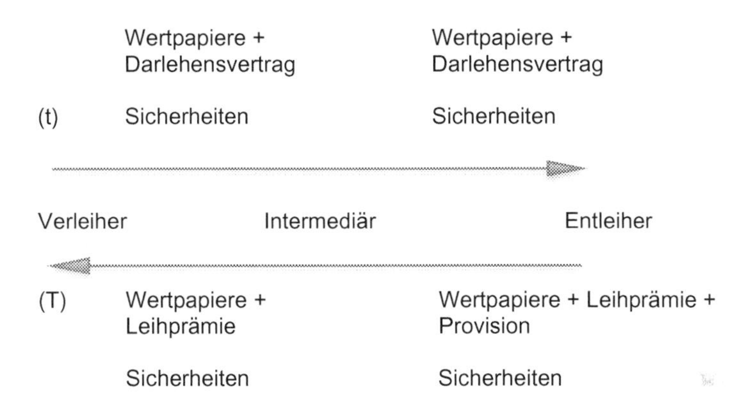

Abb. 2.3 Principal-Methode

In Abb. 2.3 ist die Vorgehensweise der Marktteilnehmer bei der Principal-Methode ist dargestellt (siehe Limmert 1994, S. 9).

Wie die Agent-Methode hat auch die Principal-Methode Parallelen zu Zinsswaps mit einem Intermediär.

2.1.2 Marktteilnehmer und Motive

Immer sind Ver- und Entleiher an der Wertpapierleihe beteiligt, eventuell auch Intermediäre. Die Motive der Marktteilnehmer, ihre Erlöse und Kosten sowie Risiken und verlangte und gestellte Sicherheiten ihrer Transaktionen werden im Folgenden gezeigt.

2.1.2.1 Verleiher

Der Verleiher von Wertpapieren ist Eigentümer und Besitzer der Wertpapiere. Diese übereignet er an den Entleiher. Er verpflichtet sich gleichzeitig, diese Wertpapiere nach Ablauf einer bestimmten Zeit von dem Entleiher zurückzunehmen. Für die Verleihe bezieht der Verleiher von dem Entleiher die Leihprämie. Die Prämie ist dabei unterschiedlich hoch. Sie beträgt 0,1 % −2,5 % des Wertes der verliehenen Aktien in t und 1 % −1,75 % des Wertes der verliehenen Zinstitel in t. Der Verleiher erzielt Erträge aus den Papieren, auch ohne Kursveränderungen der verliehenen Titel (Kirchner 2007, S. 76; Landgraf 2003, S. 231). Hinzu kommen noch eventuelle Zinszahlungen und Dividenden.

Zwischen einzelnen Marktteilnehmern differiert die Höhe der Prämie wegen unterschiedlicher Bonitäten, individueller Strategien oder besonderer Zeithorizonte. Sie ist auch unterschiedlich hoch an einzelnen Handelsplattformen, etwa dem Leihe-System der Banken oder bei dem Deutschen Kassenverein.

Ein Motiv zur Wertpapierleihe für den Verleiher ist die Reduktion von Verwaltungsgebühren des Wertpapierbestandes. Verliehene Wertpapiere sind während der Leihdauer nicht mehr im Bestand, Depotgebühren entfallen für diese Zeit.

Der Verleiher kann auch Erlöse aus erhaltenen Sicherheiten erzielen. Erhält er Barsicherheiten, kann er diese verzinslich am Geldmarkt für die Dauer der Wertpapierleihe anlegen. Die Zinserträge erhöhen so die einfache vertragliche Prämie aus dem Verleihgeschäft. Anders ist es, wenn der Verleiher dem Entleiher die Zinserträge am Ende der Leihe zurück übereigenen muss. Der Verleiher sollte dann Zinserträge erzielen, die über den vom Entleiher geforderten Zinsen liegen.

Ein weiteres Motiv für den Verleiher ist die kurzfristigen Liquiditätsbeschaffung, wenn der Verleiher keine Positionen verkaufen will. Er erhält am Ende der Wertpapierleihe die vereinbarte Verleihprämie und kann auch während der Laufzeit die erhaltene Barsicherheit individuell investieren.

Für ausländische Marktteilnehmer ist die Strategie des Dividenden-Stripping von Bedeutung. Dabei können Marktteilnehmer über die Wertpapierleihe Körperschaftsteuergutschriften erzielen, wenn der Zeitraum der Leihe den Dividendenzahltermin überschreitet (siehe Godek 2001, S. B11–B12).

2.1.2.2 Entleiher

Der Entleiher erhält Wertpapiere, deren Eigentümer er nicht wird, die aber in seinem Besitz gelangen. Er verpflichtet sich, diese Papiere fristgerecht wieder an den Verleiher zurück zu übereignen. Für die Entleihe zahlt der Entleiher dem Verleiher als Gebühr die Leihprämie.

Die Motive der Entleiher sind dabei unterschiedlich. Meistens verwendet der Entleiher die Wertpapierleihe um Leerverkäufe auszuführen. Hierzu verkauft er die entliehenen Wertpapiere, um sie später zu einem günstigeren, niedrigeren Kurs zurück zu kaufen. Der positive Betrag aus Verkauf in t abzüglich Kauf der gleichen Papiere in T, abzüglich der zu zahlenden Prämie für den Zeitraum (T − t), ist das Ergebnis des Leerverkaufs. Das Ergebnis des Leerverkaufs ist in Formel 2 dargestellt.

Formel 2: Ergebnis eines Leerverkaufs für den Entleiher in T:

$$G_{WPL,E,T} = S_t - S_T - S_t * r_{WPL}^{(T-t)}$$

Ist ein positives Ergebnis des Leerverkaufs das alleinige Ziel des Marktteilnehmers, dann ist das Motiv dieser Wertpapierleihe die Spekulation. Eine simultane Long-Position in Aktien besteht dann nicht.

Hat der Marktteilnehmer Wertpapiere im Bestand, dann ist die Sicherung gegen fallende Kurse ein weiteres Motiv des Leerverkäufers. Ist für Ihn ein negatives Ergebnis der Wertpapierleihe akzeptabel, wenn die verliehenen Wertpapiere im Kurs eventuell steigen, dann kann er eine bestehende Position in Wertpapieren gegen Verluste sichern. Wie zuvor bei der Spekulation hofft der Marktteilnehmer, die in t verkauften Wertpapiere in T zu einem ermäßigten Kurs zurück kaufen zu können. Das erwünschte positive Ergebnis des Leerverkaufs wird dann die Verluste einer Long-Position in den gleichen Wertpapieren kompensieren. Die zu entrichtende Leihgebühr/Prämie ist dann der Preis für die Hedge. Das Ergebnis der Absicherung in T für die gesamte Position $G_{Hed,E,T}$ ist in Formel 3 dargestellt.

Formel 3: Absicherung mit Leerverkauf:

$$G_{Hed,E,T} = S_T - S_t + S_t - S_T - S_t * r_{WPLl}{}^{(T-t)} = S_t * r_{WPLl}{}^{(T-t)}$$

Arbitrage ist ein weiteres Motiv für den Entleiher zum Einsatz der Wertpapierleihe. Kurse an den Terminmärkten für Optionen und Futures folgen i. d. R. der Optionspreistheorie bzw. der Arbitragetheorie mit Financial Futures. Weichen die Kurse von ihren theoretisch ermittelten Kursen ab, dann sollte die Gelegenheit zur Arbitrage bestehen. Der Marktteilnehmer erwirbt hierfür die unterbewertete Position und verkauft gleichzeitig die überbewertete Position (siehe Heinke 1992, S. B23–B24). Wenn er die zu verkaufende Position nicht im Bestand hält, entleiht er diese über die Wertpapierleihe. Hinsichtlich der Optionspreistheorie und des Arbitrageansatzes mit Financial Futures wird deutlich, dass die Wertpapierleihe eine herausragende Bedeutung für die Terminmärkte hat (siehe Cox und Rubinstein 1985; Faulkner 2000, S. 4).

Das Erzielen von Opportunitätserlösen kann auch ein Motiv für den Entleiher sein. Bei einem Verkauf von im Bestand liegenden Wertpapieren nutzt der Marktteilnehmer geliehene Wertpapiere, um die Lieferverpflichtung schneller einzuhalten und den Liefertermin zu unterschreiten. Daraus folgt eine schnellere Gutschrift des Verkaufserlöses auf das Konto des Verkäufers (Landgraf 1991, S. 41).

Die Wertpapierleihe kann auch als alternative Form der Anlage finanzieller Mittel am Geldmarkt dienen. Der Entleiher stellt dabei Barmittel als Sicherheit, welches der Verleiher rentierlich anlegen muss, i. d. R. am Geldmarkt oder im eigenen Portfolio. Der Ertrag der gestellten Sicherheiten fällt dann gemeinhin dem Entleiher zu.

Steuerliche Gründe sind auch relevant für Leerverkäufe, z. B. wenn Wertpapiere verkauft und die Steuern aus dem Verkauf aber vermieden werden sollen. Die wirtschaftlich gleiche Transaktion kann mit der Wertpapierleihe realisiert werden, wenn eine Position in Wertpapieren zu einem Stichtag bilanziell dargestellt werden soll, nicht aber zwischenzeitlich aufgelaufene Wertsteigerungen (siehe Oho und v. Hülst 1992, S. 2584–2586).

2.1.2.3 Intermediäre

Intermediäre führen Verleiher und Entleiher zusammen, wenn diese nicht unmittelbar und direkt Leihegeschäfte durchführen können. Intermediäre übernehmen dann i. d. R. einen Teil des Risikos und stellen Liquidität zur Verfügung. Hierfür verlangen sie ein finanzielles Entgelt.

Bei der Agent-Methode erhält die Bank eine Provision für die Vermittlung der Wertpapierleihe zwischen Ver- und Entleiher.

Bei der Principal-Methode tritt die Bank als Kontraktpartner zwischen Ver- und Entleiher. Das Motiv hierbei ist für die Bank als Intermediär, Anteil an den Zahlungsströmen zu haben und einen Teil der Prämie zu erhalten. Auch denkbar ist, dass der Intermediär einen Anteil an der Verzinsung der Sicherheiten des Entleihers erhält (siehe Pantel 2000, S. 21–22).

Die unterschiedlichen Motive der einzelnen Marktteilnehmer lassen sich in der folgenden Tabelle darstellen.

2.1.3 Erlöse und Kosten, Risiken und Sicherheiten

Die Erlöse aus Positionen in Wertpapierleihgeschäften resultieren aus vertraglichen Regelungen des jeweiligen Geschäfts. Gleiches gilt für die damit verbundenen Kosten. Jedes Wertpapierleihegeschäft birgt zudem Risiken, für die Sicherheiten zu stellen sind. Diese Punkte werden im Folgenden für die jeweiligen Marktteilnehmer untersucht.

2.1.3.1 Verleiher

Der Verleiher erhält eine Prämie vom Entleiher der Wertpapiere. Weitere Erlöse sollten sich aus der erfolgreich angewandten Strategie des Verleihers ergeben.

Die Kosten des Verleihers sind vielfältig, wobei nicht alle zwingend anfallen müssen.

Kosten der EDV und Monitoringkosten existieren permanent. Sie sind das Entgelt für die Realisation des Wertpapierleihegeschäfts. Ohne elektronische Systeme und laufende Überwachung der Wertpapierleihe ist diese nicht durchzuführen.

Motive	Verleiher	Entleiher	Intermediär
Reduktion von Verwaltungskosten	X		
Erzielen von Erlösen aus erhaltenen oder gestellten Sicherheiten	(X)	X	(X)
Kurzfristige Liquiditätsbereitstellung	X		
Dividendenstripping	(X)		
Erhalt von Prämien	X		X
Spekulation in Risikoposition/ Hedge		X	
Arbitrage		X	
Erzielen von Opportunitätserlösen durch schnellere Gutschrift		X	

Abb. 2.4 Unterschiedliche Motive der Marktteilnehmer

Ebenso fallen Transaktionskosten der Wertpapierleihe an (siehe Schmidt 1988, S. 7). Sichtbar werden diese, wenn eine Bank zwischen Ver- und Entleiher tritt und für diese Leistung als Intermediär einen Anteil an der Prämie fordert. Opportunitätskosten des Verleihers können auch entstehen, wenn Wertpapiere in t verliehen statt verkauft werden. Erhält der Verleiher die Wertpapiere in T zu niedrigeren Kursen zurück, realisiert der Verleiher bei einem Verkauf in T einen Verlust im Vergleich zu einem alternativ getätigten Verkauf in t (siehe Limmert 1994, S. 30).

Transaktionskosten fallen an der gewählten Handelsplattform an. Das zunehmende Angebot sorgt aber dafür, dass die Kosten stetig sinken und sich die

Transaktionsdauer verkürzt (siehe hierzu Rettberg 2009, S. 20; Sommer 2014, S. 6–7).

Risiken treten für den Verleiher in unterschiedlichen Formen auf. Einzelne Risiken bestehen jederzeit, während andere Risiken nur selten auftreten oder gar zu vernachlässigen sind.

Stets existiert für den Verleiher ein Liquidationsrisiko der Sicherheiten falls der Entleiher ausfällt und er seine Verpflichtungen nicht mehr erfüllen kann. Die Liquidation der Sicherheiten benötigt eventuell mehrere Tage, wodurch dem Verleiher Opportunitätsverluste entstehen können. Hierbei sind die Geldnähe der Sicherheiten und eine ausreichende Höhe der Sicherheiten von Bedeutung. Ein Liquidationsrisiko besteht, wenn der Wertpapierleihevertrag eine vorzeitige Beendigung der Wertpapierleihe zulässt.

Das Bonitätsrisiko scheint nur bei der Wertpapierleihe ohne Sicherheiten maßgeblich sein, da keine Barmittel oder als Sicherheiten zugelassene Wertpapiere gestellt werden. Ausfälle der Entleiher oder auch der Intermediäre sind dann gegebenenfalls vollständig vom Verleiher oder von den Intermediären zu tragen (siehe Jensen und Scheetz 1997, S. 87–88; Jacklin und Felsenthal 1997, S. 111–112).

Das Zinsrisiko ergibt sich aus dem Umfang der Leihedauer. Hier ist eine Risikoanalyse und Hedge der erhaltenen Sicherheiten ratsam, insbesondere der Bar-Sicherheiten (siehe Caan 1997, S. 78–79). Das Zinsrisiko und Währungsrisiko bei länderübergreifender Wertpapierleihe existent permanent. Da die Marktteilnehmer sich gegen diese Risiken sichern können, werden sie hier nicht weiter erörtert.

2.1.3.2 Entleiher

Unmittelbar erzielt der Entleiher aus der Wertpapierleihe keine Erlöse. Sie stammen aus der Handelsstrategie des Entleihers, wenn diese einen positiven Verlauf hat.

Die Kosten des Entleihers und des Verleihers sind vergleichbar. Die Prämie des Verleihers ist die Leihgebühr des Entleihers, evtl. geschmälert um die Provision oder den Anteil des Intermediärs.

Ähnliche Risiken entstehen für den Entleiher und den Verleiher. Der Entleiher trägt auch ein Liquidationsrisiko, wenn der Verleiher ausfällt und die erhaltenen Sicherheiten, Barsicherheiten oder andere Long-Positionen in Wertpapieren am Ende der Leihe nicht an den Entleiher zurückerstatten kann. Der Entleiher muss dann die entliehenen Wertpapiere veräußern und realisiert eventuell einen Verlust bei zwischenzeitlich gesunkenen Kursen. Dieses Liquidationsrisiko ist aber i. d. R. bei der institutionalisierten Wertpapierleihe über den DKV oder das Leihsystem der deutschen Banken zu vernachlässigen.

Ein Kursrisiko besteht für den Entleiher, wenn die Kurse der Wertpapiere sich zu Ungunsten seiner Strategie verändern und er die Papiere verlustreich am Markt zurückerwerben muss (siehe Homm und Dag 2017, S. 17–28; Janowski 2017, S. 68–71).

Ein Beschaffungsrisiko besteht, wenn die Liquidität der entliehenen Wertpapiere gering ist. Es kann dann passieren, dass die in t entliehenen und verkauften Wertpapiere in T nicht oder nur schwer am Markt zu erwerben sind.

Operationale Risiken und Vertragsrisiken existieren für den Entleiher ebenso, die bei der institutionalisierten Wertpapierleihe jedoch zu vernachlässigen sein sollten.

2.1.3.3 Intermediäre

Intermediäre erzielen ihre Erlöse aus den erhaltenen Provisionen und aus Zinserträgen. Diese sind abhängig von der jeweiligen Methode der Intermediation.

Kosten entstehen für die Intermediäre aus betriebsbedingten Umständen, z. B. den Kosten des Betriebsablaufs oder den Monitoring-Kosten. Kosten können auch entstehen, wenn ein Intermediär in die Position eines ausgefallenen Kontrahenten treten muss.

Die Risiken der Intermediäre unterscheiden sich nur wenig von denen der Ver- und Entleiher. Besonders auffällig ist das Risiko der Fristenkongruenz bei der Geschäftsvermittlung, wie es bei der Principal-Methode auftreten kann.

Die Sicherheiten der Intermediäre entsprechen jenen der Ver- und Entleiher. Abhängig vom jeweiligen Vertrag und Position werden als Sicherheiten immer Geld oder Wertpapiere gestellt.

Wieder lassen sich Erlöse und Kosten sowie Risiken und Sicherheiten der Marktteilnehmer in einer Tabelle darstellen.

2.2 Repos

2.2.1 Definition, Grundform und Sonderformen

Bei einem normalen Repo verkauft ein Marktteilnehmer Wertpapiere an einen anderen Marktteilnehmer (siehe Choudhry 2006, S. 93–99; Cahn und Ostler 2008, S. 4–5). Beide vereinbaren gleichzeitig, dass der Verkäufer diese Wertpapiere am Ende der Repo-Laufzeit zurückkauft, zu einem anfänglich vereinbarten Kurs (Miller 1997, S. 15). Beim Rückkauf zahlt der Marktteilnehmer außer des

Erlöse/Kosten Risiken/Sicherheiten	Verleiher	Entleiher	Intermediär
Erlöse aus Prämienerhalt	X		(X)
Transaktionskosten	X	X	(X)
Monitoring-Kosten	X	X	(X)
Opportunitätskosten	X	X	
Kosten der Prämienzahlung		X	
Zins-, Währungs-, Bonitätsrisiko	(X)	(X)	(X)
Liquidationsrisiko (Laufzeitabhängig)	X	X	(X)
Sicherheiten Wertpapiere	X		(X)
Sicherheiten Barposition	X		(X)
Verzicht auf Sicherheiten	(X)	(X)	(X)

Abb. 2.5 Unterschiedliche Erlöse und Kosten sowie Risiken und Sicherheiten der Marktteilnehmer

Kaufpreises zusätzlich den Repo-Satz. Dieser kommt i. d. R. unter Partnern erster Bonität dem Geldmarktzinssatz für vergleichbare Laufzeiten nahe. Dieser Umstand ist bedeutend, da die Gebühr bei der im obigen Abschnitt dargestellten Wertpapierleihe i. d. R. nur zwischen 0,15 % –1,5 % des Wertes der ge- oder verliehenen Wertpapiere beträgt. Sie liegt historisch betrachtet in den meisten Fällen unter dem Zinssatz für vergleichbare Laufzeiten am Geldmarkt, die für Repos relevant sind. Zahlungen können dabei in T erfolgen, sie können aber auch in diskontierter Form in t vorgenommen werden. Händler sagen dazu auch,

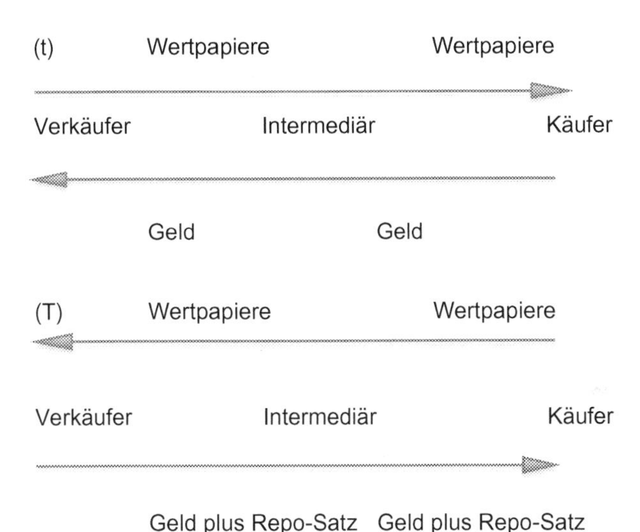

Abb. 2.6 Normale Repo-Transaktionen mit Intermediär und Repo-Satz in T

dass Wertpapiere verliehen und Geld ausgeliehen wird (siehe Brooks 1996, S. 2–4; Fabozzi und Mann 2005, S. 226–233). Der Käufer stellt Sicherheiten in Geld oder Wertpapieren, abhängig vom jeweiligen Vertrag.

Wie schon bei der Wertpapierleihe ist eine normale Repo-Transaktion in einer Abbildung darzustellen (siehe Adrian et al. 2011, S. 2–3).

Bei einem Reverse Repo ist die Vorgehensweise genau entgegengesetzt. Ein Marktteilnehmer kauft ein Wertpapier von einem anderen Marktteilnehmer. Gleichzeitig wird der spätere Verkauf an den alten Eigentümer des Wertpapiers zu einem definierten Zeitpunkt und Kurs vereinbart. Händler sagen zu einem Reverse Repo auch, dass Wertpapiere ausgeliehen und Geld verliehen wird. Die Nähe zur Wertpapierleihe ist deutlich, bei der, aus der Sicht des Entleihers, Wertpapiere ausgeliehen und Geld in Form von Sicherheiten hinterlegt wird (Fabozzi und Jacobowitz 1997, S. 189–199; McCrary 2012, S. 120–122). Der Zinssatz wird gewöhnlich ex ante weitergeleitet als Rabatt. Der Kurs beim Erwerb in t ist kleiner als der Kurs beim Rückkauf in T. Ausgangspunkt der Transaktionen ist das Ausleihen bzw. Kauf der Wertpapiere (o.V. 2010, S. 33; McCrary 2012, S. 116–118).

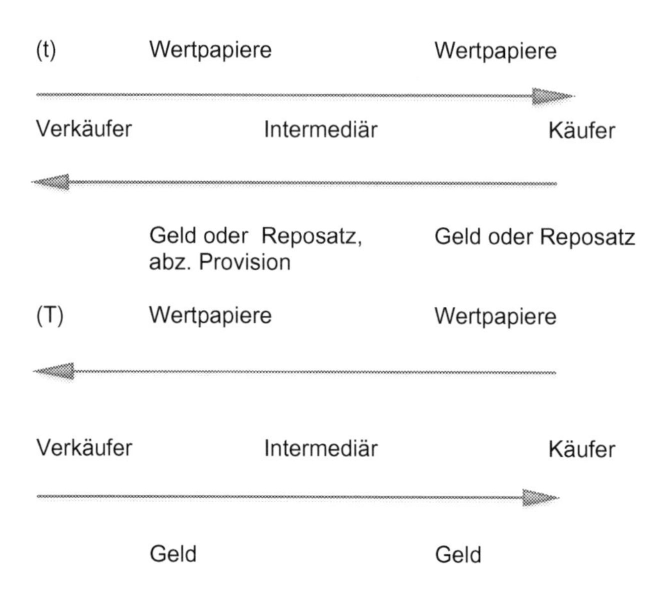

Abb. 2.7 Reverse Repo mit Intermediär und diskontiertem Repo-Satz in t

Auch die Nähe zu einem Wertpapierdarlehen ist hier gegeben. Dabei nimmt die Bank Wertpapiere als Sicherheit und verleiht finanzielle Mittel. Diese Mittel sind zu verzinsen wie andere Bankdarlehen auch.

Eine andere Erscheinung eines Repo ist ein Kauf/Verkauf (oder Verkauf/Kauf), bei dem beide Transaktionen und eine zukünftige Bezahlung ex ante festgelegt werden. Der Terminverkauf (oder –kauf) ist vergleichbar mit einer Anlage in einem Titel am Geldmarkt. Die Zahlungen erfolgen erst in T und sind nicht durch einen diskontierten Kaufpreis in t zu berücksichtigen. Eine Ähnlichkeit zur Wertpapierleihe ist hier deutlich aus Sicht des Verleihers, der die Prämien/Zinsen erhält. (siehe Faulkner 2005, S. 11–12; Leez 2007, S. IX).

Die Positionen bei Normalen Repo und Reverse Repo lassen sich in einem Schaubild darstellen.

Rechtliche Grundlagen für Repos sind das HGB und die Handelsbestimmungen auf den jeweiligen Märkten. Besondere Handelsvorschriften werden hier nicht vorgestellt, um den Umfang dieser Arbeit kurz zu halten.

Repos werden unterschieden in klassische Erscheinungsformen und in spezielle Sonderformen.

Normaler Repo (börslicher Kaufpreis plus Repo-Satz in T)		
	Verleiher WP	Entleiher WP
t	-WP + S	+WP = S
T	+WP – S * (1+r) $^{(T-t)}$	-WP = S * (1+r) $^{(T-t)}$ (Ergebnis gleicht Ergebnis von Wertpapierleihe!)
Reverse Repo (diskontierter Kaufpreis in t)		
	Entleiher WP	Verleiher WP
t	+WP – S * (1+r) $^{-(T-t)}$	-WP = S * (1+r) $^{-(T-t)}$ (Ergebnis gleicht diskontiertem Ergebnis von Wertpapierleihe!)
T	-WP + S	+WP = S

Abb. 2.8 Positionen von Normalem Repo und Reverse Repo

Bei Brief Repos oder Hold-in-custody-Repos erhält der Verkäufer das Geld von dem Käufer. Er hält aber die Wertpapiere, die als Sicherheit dienen, weiter im eigenen Bestand und muss sie nicht liefern. Es liegt so eine einseitige Transaktion vor. Diese „trust me repos" werden in ein gesondertes Konto des Händlers gebucht, um die Zurechenbarkeit zu ermöglichen (siehe auch o.V. 1995, S. 27–28). Brief Repos werden verwendet, wenn die Sicherheit nicht zu liefern ist oder nur gering ausfällt, anderenfalls die mit einer Lieferung verbundenen Kosten aber hoch wären.

Brief Repos oder Hold-in-custody Repos haben Parallelen zur ungedeckten Wertpapierleihe. Die Marktteilnehmer haben die verliehenen Wertpapiere nicht im Bestand, die spätere Lieferung ist individuell vereinbart. Die Ähnlichkeiten von Wertpapierleihe und Repos werden so besonders deutlich. Die Parallelen lassen sich in einer Abbildung darstellen.

Bei Liefer Repos werden, entsprechen ihres Namens, Wertpapiere gegen Geld geliefert. Diese Form der Repos gleicht der einfachen Grundform von Repos. Kennzeichnend ist dabei die tägliche Neubewertung der einzelnen Positionen in den Wertpapieren und in den Sicherheiten, dem mark-to-market. Die erstrangige

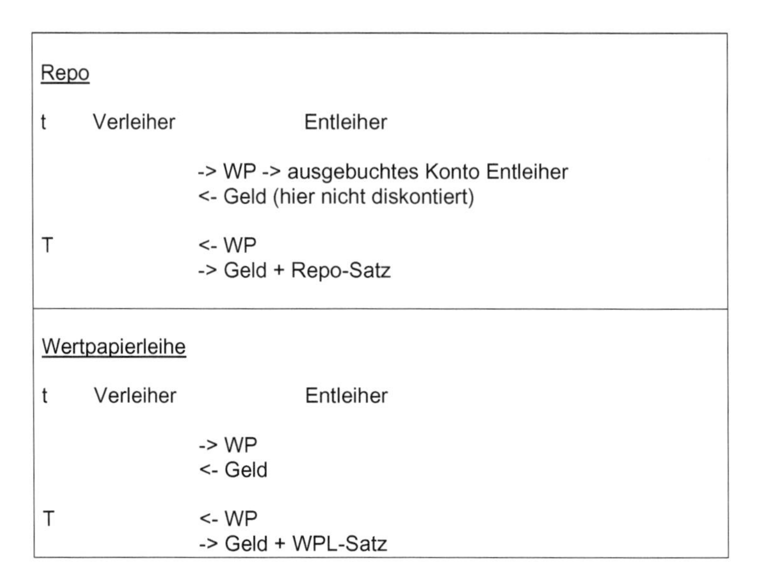

Abb. 2.9 Parallelen Brief Repos und ungedeckte Wertpapierleihe

Bewertung der Sicherheiten ist dabei herausragend, nicht die des gesamten Repo (Miller 1997, S. 23–24).

Weitere Liefer Repos sind Cross Currency Repos, die auf unterschiedlichen Währungen basieren, z. B. in gelieferten Wertpapieren, erhaltenen Sicherheiten oder gezahltem Geld (siehe Choudhry 2006, S. 114–121). Ähnlichkeiten zu Swaps sind deutlich (siehe Miller 1997, S. 26–27).

Die Agent-Methode ist ähnlich der Wertpapierleihe mit einem Intermediär. Wieder tritt ein Intermediär zwischen Käufer und Verkäufer (siehe Choudhry 2006, S. 109–111, 313). Er übernimmt Wertpapiere und eventuelle Sicherheiten, und er beaufsichtigt die Zahlungen (Burke und Martello 1997, S. 9; DÀmario 1997, S. 32; Choudhry 2006, S. 123–126). Wertpapiere und Zahlungen werden nur gebucht und nicht tatsächlich geliefert. Dadurch erhöht sich regelmäßig Umfang und Geschwindigkeit von Repos.

In der vorliegenden Arbeit werden nur Normale und Reverse Repos betrachtet. Eine Darstellung weiterer Repos ist nicht vorgesehen.

2.2.2 Marktteilnehmer und Motive

Die Motive zum Handel mit Repos und die jeweiligen Erlöse und Kosten sowie die Risiken und Sicherheiten werden im Folgenden dargestellt.

2.2.2.1 Pfandgeber

Repos finden für Pfandgeber Verwendung als Risikosteuerungsinstrumente. Der Marktteilnehmer kann für einen bestimmten Zeitpunkt (z. B. am Bilanzstichtag) eine Position einnehmen. Diese kann er kurze Zeit später wieder aufgeben, ohne große Kosten oder Gefahren von Kursveränderungen zu tragen. Er kann auch Long-Positionen einfach schließen ohne sie endgültig zu beenden, wenn er die Position für überbewertet hält.

Repos helfen auch beim Decken bestimmter Short-Position, hier short in einer Aktie, long im Geld und Anlage des Geldes kurzfristig am Repo-(Geld)markt. Der Marktteilnehmer hält so Positionen auf beiden Seiten einer Repo-Transaktion, die gesamte Position ist geschlossen.

Wenn der Marktteilnehmer long in einer Aktie und short im Geld ist, steigern Repos die Ertrage oder verringern die Finanzierungskosten einer Position am Geld- oder Kapitalmarkt. Er verkauft in t die Aktie und legt den Erlös im Geld an. In T folgt der Rückkauf der Aktie und Erhalt der Anlage des zwischenzeitlich erzielten Erlöses am Geldmarkt. Die erhaltenen Zinszahlungen steigern somit den Ertrag aus der Position in der Aktie bzw. verringern die Finanzierungskosten der Long-Position in der Aktie (Choudhry 2006, S. 129–131).

2.2.2.2 Pfandnehmer

Der Pfandnehmer verwendet Repos zur Risikosteuerung. Durch die Annahme von Wertpapieren verändert sich die Zusammensetzung und Risikostruktur seines Portfolio. Gemäß der Portfoliotheorie kann er sein Risiko so erhöhen oder verringern. Durch die Annahme eines Wertpapieres als Pfand und die Herausgabe von Geld verändert sich die Long-Position im Geld. Repos dienen dem Pfandnehmer so zum Decken einer Long-Position im Geld.

Die Ertragsteigerung durch Repos ist ein weiteres Motiv, hier durch die erhaltene Repo-Rate für das angenommene Pfand. Ein weiteres Motiv ist ein Repo als Alternative zur Wertpapierleihe um Kosten zu reduzieren.

2.2.2.3 Intermediäre

Die Motive der Intermediäre liegen im Erzielen von Erträgen aus ihrer Intermediationstätigkeit. Sie werden hier nicht weiter ausgeführt.

2.2.3 Erlöse und Kosten, Risiken und Sicherheiten

Aus Repos ergeben sich unterschiedliche Erlöse und Kosten aus den einzelnen Positionen der jeweiligen Repos. Diese beinhalten Risken, die mit vertraglich geforderten Sicherheiten reduziert werden. Für die einzelnen Marktteilnehmer werden diese Punkte nachstehend untersucht (siehe Limmert 1994, S. 3; Fabozzi und Jacobowitz 1997, S. 195–199).

2.2.3.1 Pfandgeber

Das Erzielen von Erlösen ist wesentlich für Pfandgeber. Sie nehmen Geld an um es profitabel zu investieren, entsprechend ihrer jeweiligen Motive. Der Erlös aus den damit verbundenen Transaktionen sollte in der Summe höher sein als die vom Pfandgeber zu entrichtende Repo-Rate.

Die Formel für den Erfolg eines Normalen Repo lässt sich in Formel 4.1 darstellen.

Formel 4.1: Erfolg des Normalen Repo:

$$-\mathrm{WP} + \mathrm{WP} * \left(1 + r_{\mathrm{Repo}}\right)^{(\mathrm{T}-\mathrm{t})} > 0.$$

Der Erfolg eine Reverse Repo ist in Formel 4.2 dargestellt.

Formel 4.2: Erfolg eines Revers Repo:

$$-\mathrm{WP} * \left(1 + r_{\mathrm{Repo}}\right)^{-(\mathrm{T}-\mathrm{t})} + \mathrm{WP} > 0.$$

Ein weiteres Motiv für Repos ist das Vermeiden von Gebühren bei der alternativen Wertpapierleihe (siehe o.V. 2004, S. 12–13).

Repos sind mit Risiken behaftet, die durch definierte Handelsabläufe und Handelsverträge eingegrenzt werden (Benders 2006, S. 111).

Viele Risiken von Repos sind vergleichbar mit jenen der Wertpapierleihe. Es sind das Kursrisiko, das Zinsrisiko, das Währungsrisiko, das Liquiditätsrisiko, das organisatorische Ablaufrisiko, das Monitoringrisiko.

Das Kontrahentenrisiko, das Risiko des Ausfalls des Geschäftspartners, findet jedoch die größte Beachtung (siehe Brooks 1995, S. 10–11). Repos finden i. d. R. zwischen zwei Kontrahenten statt. Der Ausfall eines Marktteilnehmers zwingt den verbleibenden Partner zum Schließen der offenen Position, was regelmäßig mit unvorhergesehenen Kosten verbunden ist. Umso wichtiger ist es daher, den Kontrahenten zu beobachten und das mit ihm verbundene Risiko zu beherrschen. Der

Pfandgeber übernimmt das Bonitätsrisiko in einer Sachdarlehensforderung, der Pfandnehmer hingegen das Bonitätsrisiko im Wertpapier (Oechler 1992, S. 569).

2.2.3.2 Pfandnehmer

Erträge erzielt der Pfandgeber aus seinen jeweiligen Motiven und Strategien. Der Pfandnehmer gibt Geld heraus und nimmt Wertpapiere als Pfand an. In T gibt er die Wertpapiere zurück und erhält im Gegenzug das Geld, zuzüglich der ex ante oder ex post zu entrichtenden Repo-Rate. Wesentlich ist, dass er sowohl Erlöse aus den Transaktionen erzielt und auch die Repo-Rate erhält.

Für den Pfandnehmer ist der Repo auch eine kostengünstige Alternative zur Wertpapierleihe. Die Kostenreduktion ist hierbei das Motiv, Erträge sind durch niedrigere Kosten zu steigern.

Die Risiken des Pfandnehmers bei einem Repo entsprechen denen des Pfandgebers. Gleiches gilt besonders wieder für das Kontrahentenrisiko und das Bonitätsrisiko.

2.2.3.3 Intermediäre

Die Erlöse und Kosten sowie Risiken und Sicherheiten sind wieder vergleichbar mit jenen bei der Wertpapierleihe. Besonderheiten sollen im Folgenden nicht explizit dargestellt werden.

Die Erlöse und Kosten sowie die Risiken und Sicherheiten lassen sich in einer Tabelle für die unterschiedlichen Marktteilnehmer darstellen. Siehe hierzu Abb. 2.10.

Sicherheiten werden wieder für alle Marktteilnehmer entweder als Geld oder als Wertpapiere gestellt, abhängig von den jeweiligen Verträgen.

2.3 Vergleich Wertpapierleihe und Repos und Annahmendiskussion

2.3.1 Vergleich Wertpapierleihe und Repos

Es wird deutlich, dass Wertpapierleihe und Repos unterschiedliche Instrumente sind, die große Gemeinsamkeiten aufweisen (Siehe Adrian et al. 2011, S. 2). Als geeignete Darstellung zur vereinfachten tabellarischen Übersicht dient Abb. 2.11.

Besondere Auffälligkeiten sind noch zu erwähnen: Bei einem einfachen Repo ist die Nähe zur Wertpapierleihe deutlich, bei der, aus der Sicht des Verleihers,

	Pfandgeber	Pfandnehmer	Intermediär
Erlöse aus Strategie mit Repo nach Repo-Rate	X	X	(X)
Kostenreduktion durch Repo statt WPL	X	X	
Risiken wie bei WPL, besondes aber Kontrahentenrisiko	X	X	(X)
Sicherheiten	X	X	(X)

Abb. 2.10 Erlöse und Kosten sowie Risiken und Sicherheiten bei Repos

Vergleichbare Merkmale	Wertpapierleihe und Repo	Kommentar
Rechtliche Ausgestaltung	unterschiedlich	unterschiedliche gesetzliche Behandlung
Leiheprämie und Repo-Satz	unterschiedlich	unterschiedliche Höhen und Termine
Intermediäre	teilweise ähnlich	
Motive	ähnlich	
Sicherheiten	ähnlich	
Kosten	sehr ähnlich	
Risiken	sehr ähnlich	

Abb. 2.11 Vergleich Wertpapierleihe und Repos

Wertpapiere am Anfang verkauft werden und Geld in Form von Sicherheiten hinterlegt wird. Beim Rückkauf wird der Kaufpreis zuzüglich der Repo-Rate gezahlt. Die Übergabe der Wertpapiere ist wesentlicher Ausgangspunkt der Transaktionen.

Die Nähe zu einem Wertpapierdarlehen ist auch bei einem Reverse-Repo gegeben. Hier werden Wertpapiere als Sicherheit von der Bank genommen und finanzielle Mittel verliehen. Diese sind zu verzinsen wie andere Darlehen auch.

Brief Repos oder Hold-in-custody Repos haben große Ähnlichkeiten zur ungedeckten Wertpapierleihe. Bei diesen führen die Marktteilnehmer die verliehenen Wertpapiere nicht im Bestand, die spätere Lieferung ist nur außerbörslich vereinbart. Die Ähnlichkeiten von Wertpapierleihe und Repos werden hier besonders deutlich.

2.3.2 Annahmendiskussion

Diese Arbeit zeigt Wertpapierleihe und Repos auf den Finanzmärkten der Bundesrepublik Deutschland. Hierfür sind Annahmen zu den Verhältnissen auf den Finanzmärkten notwendig.

Die Annahmen werden im Folgenden dargestellt und mit der Realität verglichen. Abweichungen sind zu zeigen und deren Auswirkungen auf Wertpapierleihe und Repos in Deutschland zu analysieren (siehe auch Hohmann 1996, S. 20–22; Faulkner 2005, S. 7–8).

1. Es existieren arbitragefreie Märkte, alle benötigten Instrumente werden dort gehandelt, die tatsächlichen Kurse entsprechen stets den theoretischen Werten.
Diese Annahme trifft nicht umfänglich zu. Alle Instrumente werden nicht jederzeit gehandelt, auch existieren Arbitragegelegenheiten. Werden die benötigten Instrumente jedoch nicht gehandelt, dann können Marktteilnehmer diese durch eine Duplikation substituieren oder sie einfach vernachlässigen. Die Fehlbewertung derivativer Instrumente ist für die zu zeigenden Strategien von geringerer Relevanz. Sie zielen auf die Arbitrage mit Wertpapierleihe, Repos und Derivaten ab. Die Realitätsferne von Annahme 1. ist im Folgenden zu tolerieren.

2. Marktteilnehmer investieren auf den Märkten in Finanztitel und wollen ihren Nutzen maximieren.
Diese Annahme sollte gegeben sein.

3. Es erfolgen keine Dividendenzahlungen oder Kapitalveränderungen.
Dividenden werden i. d. R. gezahlt, auch Kapitalveränderungen können vorgenommen werden. Für Wertpapierleihe und Repos sind diese jedoch weniger relevant, da die Auszahlung von Dividenden und Kapitalveränderungen in den Verträgen zwischen den beteiligten Marktteilnehmern geregelt ist.

4. Es existiert nur eine Währung, Aufnahme und Anlage finanzieller Mittel zu einem positiven bonitätsrisikofreien Zinssatz ist möglich, es herrscht eine konstante horizontale Zinsstrukturkurve. Es existieren keine Steuern.

Es existieren auf der Welt mehrere Währungen, in Deutschland erfolgt die Valutierung jedoch in Euro. Im Folgenden werden nur Strategien in Deutschland dargestellt, der Devisenmarkt und damit verbundene Strategien werden nicht beobachtet.

Die Aufnahme und Anlage zu dem bonitätsrisikofreien Zinssatz ist in der Realität für die Bundesbank möglich, Marktteilnehmer können im besonderen Fall nur in bonitätsrisikofreie Titel des Bundes investieren (siehe Schmidt 1979, S. 711, 1981, S. 249–286). Ist der bonitätsrisikofreie Zinssatz negativ, wie zeitweise auf einigen europäischen Märkten, ist die Realisation von Strategien mit Wertpapierleihe und Repos erschwert. Dieser Umstand wird nicht dauerhaft anhalten und widerspricht aller Erfahrungen. Mit Sicht auf normale Zustände in der Zukunft ist er zu vernachlässigen.

Gewöhnlich herrscht keine konstante und horizontale Zinsstrukturkurve. Dieser Umstand ist unwesentlich für die Strategien mit Wertpapierleihe und Repos, da während der Laufzeit der Strategien regelmäßig keine Positionsveränderung erfolgen.

Anders ist es bei Strategien mit Optionen und Futures. Verändert sich der relevante Zinssatz maßgeblich, dann ändert sich der Preis des Terminmarktinstruments, auch bei sonst konstanten anderen Marktbedingungen. Der Preis des Terminmarktinstruments in T unterscheidet sich dann von dem, welcher in t berechnet wurde. Der Erfolg der Strategie weicht dann vom gewünschten Ergebnis ab. Im Folgenden wird unterstellt, dass die Laufzeiten der Strategien nur kurz sind und daher auch die Auswirkungen veränderter Zinssätze begrenzt sind.

In der Realität sind Steuern zu entrichten. Sie fallen jedoch bei obigen Geschäften in der Regel ex post an. Für eine ex ante Planung und dann Ausführung der Strategien sollten Steuern nicht relevant sein.

5. Die Aktienkurse folgen einem logarithmisch-normalverteilten Prozess am Ende eines Zeitintervalls.
Die Aktienkurse folgen in der Realität selten einem logarithmisch-normalverteilten Prozess. Es existieren unterschiedliche Kursverteilungen, statt eines diskreten Verlauf können die Kursverläufe Sprünge aufweisen. Auch unter Einbeziehung von Märkten in Übersee findet nicht 24 h lang ein börslicher Handel statt.

Die Auswirkungen von Kurssprüngen auf die Strategien mit Kassamarktinstrumenten sind begrenzt, da Marktteilnehmer geschlossene Positionen halten. Anders ist es bei Strategien mit Terminmarktinstrumenten. Kurssprünge können die Preise der Terminmarktinstrumente abrupt verändern, ohne das eine gleichzeitige Anpassung des Portfolios erfolgen kann. Trotz geschlossener Positionen in t weicht das Ergebnis in T dann vom angestrebten Wert ab.

Wie groß die Auswirkungen von Kurssprüngen sind, wird die Anwendung der Strategien in der Realität zeigen. Diese Frage bleibt hier unbeantwortet.

6. Die Volatilität der Aktienkurse und der Renditen ist bekannt und konstant.
Die Volatilität von Aktienkursen und Renditen ist nicht bekannt oder konstant. Für Strategien mit Kassamarktinstrumenten sind die Auswirkungen gering, da die Marktteilnehmer i. d. R. geschlossene Positionen halten. Anders ist es bei Strategien mit Wertpapierleihe und Repos mit Terminmarktinstrumenten. Temporär geänderte Volatilitäten ändern die Preise von Optionen, auch bei konstanten sonstigen Marktbedingungen. Die Anpassung an veränderte Volatilitäten ist im geeigneten Umfang vorzunehmen, trotz geschlossener Positionen in t, sonst weicht das Ergebnis in T von dem angestrebten Wert ab.

Die Auswirkung zwischenzeitlich veränderter Volatilitäten wird die Anwendung der Strategien in der Realität zeigen. Diese Frage ist hier nicht zu behandeln.

7. Es existieren keine Transaktionskosten.
Diese Annahme ist realitätsfern. Auf Finanzmärkten werden Dienstleistungen erbracht, die zu entlohnen sind. Die Transaktionskosten bestehen aus pagatorischen und kalkulatorischen Komponenten. Diese sind die Kosten des Transaktionsservice der Bank oder des Intermediärs, die transaktionsbedingten Informations- und Entscheidungskosten, die Kosten der Sicherung gegen Transaktionsrisiken und die Kosten sofortigen Abschlusses.

Wollen Marktteilnehmer Aktien an Börsen in Deutschland handeln, dann müssen sie eine Provision an den Handelspartner zahlen. Diese sind als Prämie oder implizit als Aufschlag oder Abzug im Kurs der Aktie beinhaltet. Diese Provision ist unterschiedlich hoch, abhängig von der Markttiefe, der Liquidität und dem Umfang der Order. Sie reicht von null bis EUR 4,95 pro Handelsaktion bei elektronischen Banken bis zu mehreren Prozenten des Kurses der gehandelten Position bei ungünstigen Handelsvoraussetzungen.

Wollen die Marktteilnehmer verzinsliche Titel in Deutschland handeln, dann müssen sie auch eine Provision bezahlen. Diese Kosten betragen in Internet-Börsen null bis wenige Promille des Nennwerts der gehandelten Titel, bei ungünstigen Handelsbedingungen in kaum liquiden Titeln aber auch ein Vielfaches davon.

Beim Handel mit Terminmarktinstrumenten können die Transaktionskosten in der Regel deutlich geringer ausfallen als beim Handel in vergleichbaren Positionen am Kassamarkt. In Zeiten geringer Volatilität sind nach Stimmen aus der Praxis zehn Prozent der Kosten vom Kassamarkt zu entrichten, in Zeiten mit hoher oder extremer Volatilität können die Transaktionskosten für Terminmarktinstrumente jedoch deutlich ansteigen. Die exakte Höhe ist ex ante nicht vorherzusagen. In dieser Arbeit werden die Transaktionskosten bei der Darstellung der Strategien nicht hervorgehoben.

Transaktionskosten erschweren die Duplikation von Terminmarktinstrumenten und deren Bewertung (siehe Hohmann 1996, S. 212). Bei den hier gezeigten Strategien erfolgen Transaktionen in t und gegebenenfalls in T. Transaktionskosten können dann das in t geplante und in T erzielte Ergebnis beeinflussen. Gänzlich unmöglich wird die Anwendung der Strategien dadurch nicht.

8. Die Strategien mit Wertpapierleihe und Repos haben keinen wesentlichen Einfluss auf die Kursverläufe.
Diese Annahme sollte zutreffen. Es ist nicht zu erkennen, wie bis jetzt unbekannte Strategien mit Wertpapierleihe und Repos und Kassamarkt- und/oder Terminmarktinstrumenten Kurse wesentlich beeinflussen können. Auch ist nicht zu erkennen, wie Wertpapierleihe und Repos entscheidend für die Kursverläufe im Rahmen der Finanzkrise in 2001, 2007–2009 oder 2020 sein sollten.

9. Alle Laufzeiten für handelbaren Titel sind am Markt gegeben und die Titel sind teilbar.
Diese Annahme trifft nicht zu. Marktteilnehmer sollten dann wieder die Titel substituieren oder andere Laufzeiten wählen, um ihre Strategien zu verfolgen. Sie können am Terminmarkt auch eine Roll-Over-Strategie mit kurzlaufenden Kontrakten wählen. Dabei müssen sie dann aber höhere Transaktionskosten tragen.

Sind die Titel nicht teilbar, dann können die Marktteilnehmer den Umfang der Positionen so weit erhöhen, bis sie die angestrebte Strategie realisieren können. Es gibt, erschwerend für die Wertpapierleihe, einen maximalen Anteil der auszuleihenden Titel in einzelnen Gattungen. Die vorfristige Kündigung durch den Verleiher ist eventuell auch möglich. Höchstbetrag und Kündigung sind jedoch für die zu zeigenden Strategien nicht zu berücksichtigen.

10. Marktteilnehmer handeln rational, ein simultaner Handel ist stets gegeben. Es gibt keine Marktzutrittsbeschränkungen, Marktteilnehmer müssen keine Sicherheiten stellen. Es gibt keine Steuern, Bilanzvorschriften oder einschneidende gesetzliche Bestimmungen.

Diese Annahme ist problematisch. Würden Marktteilnehmer stets rational handeln, so hätte es einige Kursverwerfungen in jüngster Vergangenheit nicht gegeben. Diese Frage ist aber für die zu zeigenden Strategien nicht wesentlich, da sie keine Auswirkungen auf die Strategien hat.

Ein simultaner Handel aller Instrumente ist nicht stets gegeben. Im Rahmen der Strategien eröffnen die Marktteilnehmer jedoch eine Position in t, die sie danach in T schließen. Fragen des simultanen Handels sind daher von geringerem Interesse.

Marktzutrittsbeschränkungen existieren. Sie ergeben sich aus gesetzlichen Handelsbeschränkungen für ausgewählte Marktteilnehmer. Diese werden daher im Folgenden als gegeben angenommen. Gleiches gilt für Handelshemmnisse durch Vorschriften der Besteuerung und Bilanzierung.

Ebenso müssen Marktteilnehmer Sicherheiten stellen. Das ist erforderlich für das Mark-to-the-Market an den Terminmärkten, wie auch bei den Strategien mit Wertpapierleihe und bei Repos.

Annahme 10 ist realitätsfern, für die zu zeigenden Strategien ist sie jedoch nicht wesentlich.

11. Es erfolgen keine zwischenzeitlichen Zahlungen aus den Sicherheit.
Diese Annahme trifft nicht zu. In der Realität müssen die Zahlungen wie Zinsen oder Dividenden stets verzinst oder diskontiert werden.

12. Es existieren ausschließlich Europäische Optionen.
Die Annahme ist unzutreffend, in der Realität existieren amerikanische Optionen und Kombinationen aus beiden Optionstypen. Im Folgenden werden Strategien mit europäischen Optionen dargestellt, zu den Unterschieden bei der Anwendung mit amerikanischen Optionen wird hingewiesen.

Herausragend ist bei der Vielzahl der Annahmen, dass es annahmewidrig Transaktionskosten gibt. Dieser Umstand ist in der Folge besonders zu untersuchen, um die Anwendung der Strategien in der Praxis zu würdigen.

3 Strategien mit Wertpapierleihe und Repos

Ausgewählte Strategien mit Wertpapierleihe, mit Repos oder mit beiden werden nachstehend dargestellt. Die genannten Annahmen gelten wieder. Zusätzliche Annahmen sind gegebenenfalls eingefügt.

Strategien mit Wertpapierleihe und Terminkontrakten auf Aktien und Aktienindizes werden zuerst vorgestellt. Strategien mit Optionen auf Aktien und Aktienindizes folgen.

Die Vorgehensweise für Strategien mit Repos ist ebenso.

Abschließen werden Strategien gezeigt, bei denen Wertpapierleihe und Repos auf unterschiedliche zugrundeliegende Wertpapiere miteinander kombiniert werden.

Eine Beschränkung auf Aktien, -Terminkontrakte und -Optionen ist hier gegeben. Strategien mit anderen Beteiligungstiteln oder Strategien mit zinstragenden Titeln am Kassa- und Terminmarkt sind möglich. Diese können im Rahmen dieser Arbeit jedoch nicht bearbeitet werden.

Eine Unterscheidung zwischen börslichen und außerbörslichen Derivaten wird vernachlässigt. Außerbörslich entstehende Bonitäts- oder Transaktionsrisiken können vom Marktteilnehmer individuell gesichert werden.

Ziel aller zu zeigenden Strategien ist stets, dass $r_i > r_f$ ist, bei keinem oder gleichem Risiko.

3.1 Wertpapierleihe mit Terminkontrakten auf Aktien und Aktienindizes

Der Marktteilnehmer setzt bei der folgenden Strategie, eine oder mehrere Aktien, Aktienindizes und die Wertpapierleihe als Instrumente ein. Der Marktteilnehmer verfolgt das Vorgehen der Differenzarbitrage. Er will von einer temporär

R. Hohmann, *Wertpapierleihe und Repos*, essentials,
https://doi.org/10.1007/978-3-658-38621-4_3

am Markt gegebenen Situation profitieren, um eine Überrendite zu erzielen. Er nimmt eine geschlossene Position ein, die Möglichkeit von Verlusten aus der Strategie existiert theoretisch nicht.

Zur Vereinfachung dient jetzt die Annahme, dass Terminkontrakte auf die gewünschten Aktien, einzeln oder als Index, gehandelt werden. Entsprechend der Bewertung von Futures auf Aktien oder Aktienindizes (siehe Kolb 1991, S. 424; Hull 1993, S. 51–52) gilt Formel 5 für die Bewertung eines Futures in t.

Formel 5 zur Aktien-Futurebewertung:

$$F_t = S_t * (1 + r_f)^{(T-t)}$$
$$=> 0 = S_t * (1 + r_f)^{(T-t)} - F_t$$

mit F_t = Kurs eines Future in t,
S_t = Kurs einer Aktie in t

In der Formel ist die Gelegenheit der Wertpapierleihe nicht beinhaltet.

Es soll jetzt die Strategie gezeigt werden, in welcher der Marktteilnehmer in t über eine Long-Position in einer Aktie verfügt. Er verkauft diese in t über einen Terminkontrakt mit Lieferung in T. Hier gilt jetzt die vereinfachende Annahme, dass keine Zahlungen aus dem Verkauf in t fließen, diese werden erst in T mit dem Barausgleich verrechnet. (In der Realität hingegen erfolgen Zahlungen in t, Fragen des Auf- und Abzinsungssatzes stellen sich dann im Widerspruch zu Annahme 11. Bei extrem niedrigen oder negativen Zinsen, wie sei seit Jahren existieren, ist der Widerspruch hier hingegen vertretbar.) Gleichzeitig verleiht der Marktteilnehmer in t die Aktie, die er long im Bestand führt, für den Zeitraum (T − t). Diese Vorgehensweise in t lässt sich formal darzustellen wie folgt:

$$+S_t - S_t * (1 + r_f)^{(T-t)} - S_{t,WPL} = 0$$

mit $S_{t,WPL}$ = Kurs eine Aktie, die über eine Wertpapierleihe ver- oder entliehen wird

Am Ende der Wertpapierleihe in T erhält der Marktteilnehmer die Aktie zurück, zuzüglich der Verleihprämie für den Zeitraum (T − t). Die erhaltene Aktie verwendet er, um über den Bar-Ausgleich seine Verpflichtung aus dem Verkauf des Terminkontraktes zu leisten. Er kann die Aktie entweder liefern, oder er kann sie verkaufen und mit den erhaltenen finanziellen Mitteln den Bar-Ausgleich erfüllen. Er kann so Verluste ausgleichen oder Gewinne realisieren. Er verfügt auch noch über die Prämie aus dem Verkauf des Future in t. Diese Vorgehensweise in T ist formal wie folgt darzustellen:

$$+S_T + S_t * r_{WPL}{}^{(T-t)} - S_T + S_t * r_f^{(T-t)} > 0$$

mit r_{WPL} = Renditesatz aus der Wertpapierleihe/Leihe-Gebühr oder –Prämie

In T ist das Ergebnis dieser Strategie:

$$S_t * r_f^{(T-t)} + S_t * r_{WPL}{}^{(T-t)}$$
$$=> S_t * (1 + r_f + r_{WPL})^{(T-t)} > S_t * (1 + r_f)^{(T-t)}$$

Daraus ergibt sich dann die neue Formel 5.1 zur Bewertung von Aktien-Futures.

Formel 5.1: $F_t = S_t * (1 + r_f + r_{WPL})^{(T-t)}$

Die gezeigte Vorgehensweise gilt außer für einzelne Aktien auch für Portfolios von Aktien, beispielsweise in einem Index. Auch dort erzielt der Marktteilnehmer so eine Überrendite, auf eine nochmalige Darstellung wird verzichtet (siehe Hohmann 1991, S. 580).

Interessant ist das Naked Short Selling, das ungedeckte Leerverkaufen einer Position am Kassamarkt, welches der Wertpapierleihe zugerechnet werden kann. Diese ist zu vergleichen mit einem Leerverkauf eines Future in t. In T ist dann die Entleihgebühr zu entrichteten, jedoch werden keine Opportunitätszinsen im Future-Preis berücksichtigt. Berücksichtigt der Verleiher diesen Umstand nicht in den geforderten, also dann bei positive Zinssätzen erhöhten Leihe-Prämien, so überlässt er die Opportunitätszinsen dem Entleiher der Wertpapiere unentgeltlich.

Exkurs: Strategie mit long Cash und Entleihe in t

Hier hat der Marktteilnehmer in t zunächst eine Long-Position im Geld. Der Umfang der Position entspricht dem Kurs einer Aktie in t. Diese Barmittel legt der Marktteilnehmer verzinslich an für den Zeitraum (T – t). Er kann die Aktie simultan für denselben Zeitraum entleihen. Das angelegte Geld dient dann als Sicherheit. Die Entleihe der Aktie ist eine Option, die nicht zwingend ist. Die Vorgehensweise ist formal darstellbar mit:

$$(+V) - V(+S) = 0, \text{ mit } V = S \text{ in } t$$

mit V = Wert des Vermögens, gemessen im Kurs des Vermögens

In T hält der Marktteilnehmer wieder seine Position im Geld. Die investierte Anlage wurde zurückgezahlt zuzüglich Zinsen. Hat er in t die Aktie entliehen, dann gibt er die Aktie in T zurück, zuzüglich der Leihgebühr für den entsprechenden Zeitraum. Die formale Darstellung ist jetzt wie folgt:

$$(+V) + V * r_f^{(T-t)} - S * (1 + r_{WPL})^{(T-t)} > 0$$

In T ist das Ergebnis dieser Strategie:

$$V * (1 + r_f)^{(T-t)} - S * (1 + r_{WPL})^{(T-t)} > 0, \text{ mit } r_f > r_{WPL}$$

Der Marktteilnehmer erzielt mit der vorstehenden Strategie eine Rendite, die dem risikofreien Zinssatz für eine vergleichbare Laufzeit entspricht. Hat er die Aktie für den entsprechenden Zeitraum jedoch entliehen, so sinkt das Ergebnis um die zu entrichtende Leihgebühr. Die Rendite ist nur positiv, wenn $r_f > r_{WPL}$ ist. Von Interesse ist jetzt auch, ob die Zahlungszeitpunkte für r_f und r_{WPL} auf den selben Zeitpunkt fallen. Durch divergierende Zahlungstermine können Risiken wie das Zinsrisiko oder das Kontrahentenrisiko auftreten und das Ergebnis der Strategie beeinflussen.

Die Strategie mit long Cash und Entleihe in t ist suboptimal. Sie führt zu einer Verschlechterung der Ergebnisse im Vergleich zur vorangegangenen Strategie. Sie wird im Folgenden vernachlässigt.

3.2 Wertpapierleihe mit Optionen auf Aktien und Aktienindizes

Der Marktteilnehmer will mit Optionen auf Aktien und Aktienindizes durch Differenzarbitrage eine Rendite erzielen. Seine Position ist geschlossen, die Gefahr von Verlusten theoretisch nicht existent. Für die Bewertung von europäischen Kauf- und Verkaufoptionen gilt Formel 6 zur Put-Call-Parity (siehe Cox und Rubinstein 1985, S. 41–44):

Formel 6: $P + S_t = C + K * (1 + r_f)^{-(T-t)}$, mit $S_t = K$

$$=> S_t = C + K * (1 + r_f)^{-(T-t)} - P$$

$$=> 0 = C + K * (1 + r_f)^{-(T-t)} - P - S_t$$

Bei amerikanischen Optionen besteht die Gelegenheit zur jederzeitigen Ausübung der Option zwischen t und T. Bei sonst gleicher Formel 6 ist der Call dann nicht zu diskontieren.

Die Gelegenheit zur Wertpapierleihe ist in der Formel 6 für europäische Optionen nicht beinhaltet. Dieser Umstand ist der folgenden Vorgehensweise berücksichtigt (siehe Hohmann 1992, S. 160–163).

In t hat der Marktteilnehmer wieder eine Long-Position in der Aktie. Er verleiht die Aktie aus seinem Bestand in t mit Fälligkeit T. Er kauft gleichzeitig einen Call auf die Aktie, verkauft simultan einen entsprechenden Put und nimmt finanzielle Mittel im Umfang $K * (1 + r_f)^{-(T-t)}$ auf. Formal ist diese Vorgehensweise wie folgt darzustellen:

$$-S_{t,WPL} + C + K_t * (1 + r_f)^{-(T-t)} - P = 0$$

$$=> 0 = C - P + K_t * (1 + r_f)^{-(T-t)} - S_{t,WPL}$$

In T erhält der Marktteilnehmer die verliehene Aktie zurück, zuzüglich der Verleihprämie für den Zeitraum (T – t). Der Marktteilnehmer hat jetzt die Aktie long im Bestand. Gleichzeitig muss er die in t aufgenommenen finanziellen Mittel zurückzahlen. Dafür kann er die Aktie verkaufen und den Erlös nutzen, oder er kann die Aktie als Pfand für eine andere Finanzierung verwenden. Weiterhin kompensieren sich in T die gegenläufigen Wertentwicklungen von Call und Put. Die Vorgehensweise ist formal wieder darzustellen in der Formel 6.1:

Formel 6.1: $S_t * (1 + r_{WPL})^{(T-t)} - C - K + P > 0$

$$=> S_t * r_{WPL}^{(T-t)} > 0.$$

Der Marktteilnehmer erzielt so eine Rendite, die über dem risikofreien Zinssatz für entsprechende Laufzeiten liegt. Das Risiko von Wertverlusten der Position in (T – t) ist theoretisch nicht gegeben. Die gleiche Vorgehensweise ist auch für ein Aktien-Portfolio möglich.

3.3 Repos mit Terminkontrakten auf Aktien und Aktienindizes

Bei der folgenden Strategie nutzt der Marktteilnehmer Repos und wieder Aktien und/oder Aktienindizes und Terminkontrakte darauf. Er verfolgt auch hier das Prinzip der Differenzarbitrage, um eine Überrendite aus einer geschlossenen Position zu erzielen.

Es gelten die gleichen Annahmen wie bei der Wertpapierleihe mit Aktien und/oder Aktienindizes und den entsprechenden Terminkontrakten. Annahmegemäß gilt, dass Zahlungen aus einer Position in einem Repo erst in T, und nicht in t, zu zahlen sind.

Wieder gilt Formel 5 für den Wert eines Futures in t.

Formel 5: $F_t = S_t * (1 + r_f)^{(T-t)}$

$$=> 0 = S_t * (1 + r_f)^{(T-t)} - F_t$$

Repos sind in der Formel nicht berücksichtigt. Ihr Nutzen ist im Folgenden zu zeigen.

In t hat der Marktteilnehmer eine long Position in einer Aktie. Er verkauft einen Terminkontrakt auf diese Aktie. Annahmegemäß fließen keine Zahlungen aus dem Verkauf, diese werden erst in T mit dem Barausgleich verrechnet. (Üblicherweise werden in T zu leistende Zahlungen auf t diskontiert. Hier werden sie von t nach T aufgezinst. Die relative Größe der Zahlungen, gemessen in Prozent, bleibt gleich, nur die absolute Größe, gemessen in Zahlungseinheiten, verändert sich. Der Unterschied ist für die folgenden Darstellungen nicht relevant, eventuelle Ungenauigkeiten sollten tolerabel sein.) Simultan verkauft er auch die Aktie über einen Repo. Positionen und Zahlungsströme lassen sich darstellen wie folgt:

$$+S_t - S_t * (1 + r_f)^{(T-t)} - S_{t,Repo} = 0$$

mit $S_{t,Repo}$ = Kurs einer Aktie in t, die über einen Repo ge- oder verkauft wird

In T erhält der Marktteilnehmer die Aktie aus dem Repo zurück. Auch erhält er die Repo-Rate für den Zeitraum (T − t). Mit der Aktie erfüllt er über den Bar-Ausgleich seine Verpflichtung aus dem Verkauf des Terminkontraktes. Er kann die Aktie ausnahmsweise liefern, oder er kann sie veräußern und mit den erhaltenen finanziellen Mitteln den Bar-Ausgleich tätigen. Auch erhält er, oder verfügt noch, über die Prämie aus dem Verkauf des Future in t. Formal ist diese

Vorgehensweise in T darzustellen wie folgt:

$$+S_T + S_t * r_{Repo}{}^{(T-t)} - S_T + S_t * r_f{}^{(T-t)} > 0$$

mit r_{Repo} = Renditesatz aus einem Repo/Repo-Rate

Das Ergebnis dieser Strategie ist:

$$S_t * r_{Repo}{}^{(T-t)} + S_t * r_f{}^{(T-t)} > S_t * r_f{}^{(T-t)}$$

Die Formel 5.2 zur Aktien-Futurebewertung mit Repos lautet jetzt:

Formel 5.2: $F_t = S_t * \left(1 + r_f + r_{Repo}\right)^{(T-t)}$

Offensichtlich ist, dass diese Vorgehensweise nicht nur für einzelne Aktien gilt, sondern auch für Portfolios von Aktien, z. B. eines Aktienindex. Auf eine Darstellung dazu wird hier verzichtet.

3.4 Repos mit Optionen auf Aktien und Aktienindizes

Der Marktteilnehmer wendet auch hier wieder die Differenzarbitrage an um eine Überrendite zu erzielen. Seine Position ist geschlossen, Verlusten sind theoretisch auszuschließen. Für die Bewertung von europäischen Kauf- und Verkaufoptionen gilt Formel 6 zur Put-Call-Parity:

Formel 6: $P + S_t = C + K * (1 + r_f)^{-(T-t)}$, mit $S_t = K_t$

$$=> S_t = C + K * (1 + r_f)^{-(T-t)} - P$$

$$=> 0 = C + K * (1 + r_f)^{-(T-t)} - P - S_t$$

Die Gelegenheit zum Repo ist in der Formel nicht beinhaltet. Sie ist wie folgt dargestellt. Wieder hat der Marktteilnehmer eine Long-Position in der Aktie. Über einen normalen Repo verkauft er jetzt die Aktie in t aus seinem Bestand mit Fälligkeit T. Er kauft einen Call auf die Aktie, verkauft simultan einen entsprechenden Put und verkauft finanzielle Mittel im Umfang $K * (1 + r_f)^{-(T-t)}$. Annahmegemäß wird unterstellt, dass alle Zins- und Repo-Rate-Zahlungen erst in T erfolgen. Formal ist diese Vorgehensweise wie folgt:

$$-S_{t,Repo} + C + K * (1 + r_f)^{-(T-t)} - P = 0$$
$$=> 0 = C - P + K * (1 + r_f)^{-(T-t)} - S_{t,Repo}$$

Hier ist wieder auf amerikanische Optionen hinzuweisen, bei denen in der sonst gleichen Formel 6 der Call in t nicht diskontiert wird.

Bei europäischen Optionen erhält der Marktteilnehmer in T die verkaufte Aktie zurück, zuzüglich der Repo-Rate für den Zeitraum (T − t). Der Marktteilnehmer hat die Aktie jetzt wieder long im Bestand. Gleichzeitig muss er die in t veräußerten finanziellen Mittel zurückkaufen. Hierfür kann er die Aktie nutzen durch deren Verkauf und Erhalt finanzieller Mittel, oder er kann die Aktie als Pfand für eine andere Finanzierung verwenden. Wieder kompensieren sich in T die gegenläufigen Wertentwicklungen von Call und Put. Die Vorgehensweise ist formal dargestellt wie in der Formel 6.2:

$$\text{Formel 6.2: } S_t * \left(1 + r_{Repo}\right)^{(T-t)} - C - K + P > 0$$
$$=> S_t * r_{Repo}{}^{(T-t)} > 0$$

Der Marktteilnehmer erzielt so wieder eine Überrendite, die über dem risikofreien Zinssatz für entsprechende Laufzeiten liegt. Das Risiko von Wertverlusten der Position in (T − t) ist dabei theoretisch ausgeschlossen.

Die Abschnitte C. I bis C. IV beinhalten Strategien, mit welchen Marktteilnehmer Überrenditen erzielen können. Die Strategien können in einer formalen Gegenüberstellung wie in Abb. 3.1 dargestellt werden.

In Abb. 3.1 ist zu erkennen, dass in den Formeln 5.1 Und 5.2 sowie 6.1 und 6.2 nur der Renditesatz für Wertpapierleihe und Repo unterschiedlich ist.

Strategien mit Terminkontrakten	Strategien mit Optionen
Formel 5: $F_t = S_t * (1+r_f)^{(T-t)}$ mit $F_t > 0$	Formel 6: $P + S_t = C + K * (1+r_f)^{-(T-t)}$
Formel 5.1: $F_t = S_t * (1+r_f+r_{WPL})^{(T-t)}$ mit $F_t > 0$	Formel 6.1: $S_t * (1+r_{WPL})^{(T-t)} - C - K + P > 0$
Formel 5.2: $F_t = S_t * (1+r_f+ r_{Repo})^{(T-t}$ mit $F_t > 0$	Formel 6.2: $S_t * (1+r_{Repo})^{(T-t)} - C - K + P > 0$

Abb. 3.1 Vergleich wesentlicher Formeln von Strategien mit Terminkontrakten oder Optionen

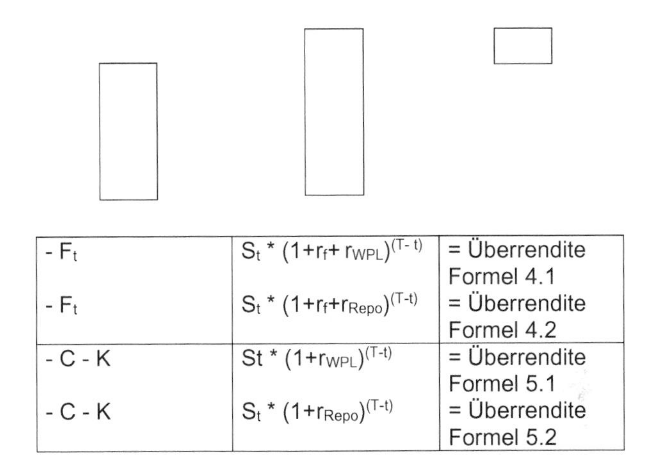

$-F_t$	$S_t * (1+r_f+r_{WPL})^{(T-t)}$	= Überrendite Formel 4.1
$-F_t$	$S_t * (1+r_f+r_{Repo})^{(T-t)}$	= Überrendite Formel 4.2
$-C-K$	$St * (1+r_{WPL})^{(T-t)}$	= Überrendite Formel 5.1
$-C-K$	$S_t * (1+r_{Repo})^{(T-t)}$	= Überrendite Formel 5.2

Abb. 3.2 Komponenten der Erfolge der Strategien

Alle anderen Bestandteile der Formel sind identisch. Dieser Umstand verdeutlicht die wirtschaftliche Nähe von Wertpapierleihe und Repos, trotz abweichender juristischer Definitionen.

Die Erfolge der Strategien lassen sich auch in einem Diagramm darstellen. Die wesentlichen Formeln beinhaltet Abb. 3.2.

3.5 Wertpapierleihe mit Repos und umgekehrt

Im Folgenden werden Strategien gezeigt, die Wertpapierleihe und Repos zusammenführen. Es sind dadurch Renditen zu erzielen die über dem risikofreien Zinssatz für entsprechende Laufzeiten liegen. Wesentlich hierbei ist die Höhe der Wertpapierleihe-Prämie im Vergleich zu der Repo-Rate.

Strategien mit Wertpapierleihe und Repos mit Aktien- und Aktienindexterminkontrakten oder Aktien- und Aktienindexoptionen sind durchführbar. Bei einer isolierten Betrachtung erbringen diese Strategien schon eine Überrendite. Der Marktteilnehmer sollte daher bei der Auswahl die Strategie wählen, abhängig von Wertpapierleihe-Prämie oder Repo-Rate, welche die höhere Rendite erzielen lässt. Der Marktteilnehmer wendet dann Ausgleichsarbitrage an. Interessant ist hier, dass Ausgleichsarbitrage theoretisch nicht risikofrei ist. Die Positionen

a) mit $r_{WPL} > r_{Repo}$, $r_{WPL} - r_{Repo} > 0$ in t: $+ S_t - S_t = 0$ in T: $- S_t * (1+r_{Repo})^{(T-t)} + S_t * (1+r_{WPL})^{(T-t)} > 0$
b) mit: $r_{Repo} > r_{WPL}$, $r_{Repo} - r_{WPL} > 0$ in t: $- S_t + S_t = 0$ in T: $+ S_t * (1+r_{Repo})^{(T-t)} - S_t * (1+r_{WPL})^{(T-t)} > 0$

Abb. 3.3 Differenzarbitrage mit Wertpapierleihe und Repo

der obigen Strategien können aber geschlossen oder mit zusätzlichen Derivaten gesichert werden, somit ist kein Risiko zu befürchten.

Differenzarbitrage kann der Marktteilnehmer ebenso anwenden, abhängig von der Höhe der Wertpapierleihe-Prämie und Repo-Rate. Wenn r_{WPL} kleiner oder größer als r_{Repo} ist, leiht oder verleiht der Marktteilnehmer die Wertpapiere und kauft oder verkauft er entsprechend Wertpapiere am Markt. Formal lassen sich die Positionen dieses Vorgehens wie Folgt in Abb. 3.3 darstellen:

Der Marktteilnehmer kann auch Wertpapierleihe und Repo in einer Position nutzen. Er hat dann in beiden Instrumenten eine Long-Position mit gleicher Laufzeit eingenommen. Die Vorgehensweise ist hier wie folgt (siehe Hohmann 1995):

In t geht der Marktteilnehmer einen normalen Repo mit börslichem Kaufpreis ein. Er gibt dafür finanzielle Mittel, hier Geld, heraus und nimmt Wertpapiere als Sicherheit herein. Diese Wertpapiere, hier annahmegemäß Aktien, verleiht der Marktteilnehmer sofort für die gleiche Laufzeit wie den Repo.

Die Zahlungsströme lassen sich formal darstellen:

$$-V_{t,Repo} + S_t - S_{t,WPL} = 0;$$

mit $V_t = S_t$, V_t = finanzielle Mittel in t.

In T am Ende der Laufzeit erhält der Marktteilnehmer die verliehenen Wertpapiere zurück, zuzüglich der Leihprämie. Gleichzeitig endet der Repo und der Marktteilnehmer gibt die als Sicherheit erhaltenen Wertpapiere an den Pfandgeber zurück. Er erhält seine finanziellen Mittel zurück, hier Geld, und auch die vereinbarte Repo-Rate.

Das Vorgehen ist formal dargestellt in Formel 7:

$$\text{Formel 7: } + S_{t,WPL} * (1 + r_{WPL})^{(T-t)} - S_t + V_{t,Repo} * \left(1 + r_{Repo}\right)^{(T-t)} > 0$$

$$=> S_t * \left(1 + r_{WPL} + r_{Repo}\right)^{(T-t)} > 0$$

Der Marktteilnehmer erzielt eine Überrendite, die über dem risikofreien Zinssatz für vergleichbare Laufzeiten liegt. Das Ergebnis ist ähnlich dem Ergebnis der Strategien mit Wertpapierleihe oder Repos mit Aktienindex-Terminkontrakten. Ausfall-Risiken sollten annahmegemäß im standardisierten Ablauforganisationen wie dem Deutschen Kassenverein oder Clearstream/Eurex zu vernachlässigen sein.

4 Zusammenfassung und Ausblick

Obige Ausführungen zeigen, wie durch Strategien mit Wertpapierleihe und Repos Überrenditen zu erzielen sind. Die Annahmendiskussion ergab, dass die Strategien mit wenigen Einschränkungen auf deutschen und wahrscheinlich auch internationalen Geld- und Kapitalmärkten durchzuführen sind. Ausgewählte Zustände erfordern aber eine genauere Betrachtung.

Erträge aus gestellten Sicherheit wie Zinsen oder Dividenden wurden in den Strategien nicht berücksichtigt. Bei einer Anwendung der Strategien in der Realität sind diese jedoch zu berücksichtigen. Wichtig ist dabei, wem die Erträge zufallen und wie deren organisatorische Weitergabe zu erfüllen ist. Die Auswirkungen der Erträge aus Sicherheiten sollten unmittelbar einsichtig sein, auf eine ausführliche Darstellung wird verzichtet.

Transaktionen mit Wertpapierleihe und Repos erfordern umfangreiche finanzielle Mittel. Gemäß Stimmen aus der Praxis sind dafür Summen zwischen EUR 300 Mio und EUR 500 Mio erforderlich. Institutionelle Investoren verfügen regelmäßig über diese Mittel. So nutzen sie die Wertpapierleihe und Repos um ihre Erträge zu erhöhen (siehe o.V. 2013, S. 2, 2020, S. 1–27). Die oben gezeigten Strategien sind überwiegend ohne Risiko durchführbar. Risikofreie Überrenditen von 0,1–0,25 % führen dann für institutionelle Marktteilnehmer zu Erträgen von mehreren Millionen Euro.

Transaktionskosten treten in der Praxis immer auf. Für die meisten institutionellen Marktteilnehmer liegen die Transaktionskosten zwischen 0,05 % und 0,15 % des Wertes der gehandelten Wertpapiere. Die Werte sind für zinstragende Titel geringer, für Beteiligungstitel sind sie höher. Die Transaktionskosten sollten aber i. d. R. nicht höher sein als der niedrigste Prämiensatz für die Wertpapierleihe von 0,1 % bis 0,25 %, und gar nicht höher bei Prämiensätzen von 0,5 % bis 0,75 %. Transaktionskosten verhindern somit nicht die Durchführbarkeit der Strategien mit Wertpapierleihe.

R. Hohmann, *Wertpapierleihe und Repos*, essentials,
https://doi.org/10.1007/978-3-658-38621-4_4

Transaktionskosten können aber in einzelnen Fällen die Anwendung der Strategien mit Repos verhindern. Die Höhe der Repo-Rate liegt oft in der Nähe des risikofreien Zinssatzes für vergleichbare Laufzeiten. Bei einem sehr geringen oder gar negativen risikofreien Zinssatz sind die Strategien mit Repos dann durch die vergleichsweise höheren Transaktionskosten kaum oder gar nicht zu realisieren.

Transaktionskosten liegen in den meisten Fällen unter den Sätzen der Wertpapierleihprämie oder Repo-Rate. Gemäß der Realitätsnähe der zuvor diskutierten Annahmen sollte die Realisation von Strategien mit Wertpapierleihe und mit Repos in der Praxis möglich sein. Dieser Umstand erscheint eindeutig. Auf eine Empirie zur Analyse der Auswirkungen von Transaktionskosten auf die Ergebnisse der Strategien kann daher hier verzichtet werden. Hinderlich für eine solche Empirie ist auch, dass historischen Daten zu Wertpapierleiheprämien und Repo-Rates nicht zugängig sind.

Marktteilnehmer können mit den gezeigten Strategien eine Überrendite erzielen, die aufgebauten Positionen sollten dabei risikofrei sein. Die Bedeutung und Folgen dieser Ergebnisse wurden abschließend diskutiert.

Die Anwendung der Strategien in der Praxis ist zu erwarten. Wie am Anfang dieser Arbeit gezeigt wird, sind die Wertpapierleihe und Repos ungerechtfertigter Kritik ausgesetzt. Die Kommentare werden aber in neuerer Zeit sachlicher und positiver. Eine verbreiterte Anwendung obiger Strategien mit Wertpapierleihe und Repos wird erfolgen, der gesamtwirtschaftliche Nutzen kommt dann allen Marktteilnehmern zugute, wie auch jenen, die nicht an diesem speziellen Markt teilnehmen.

Was Sie aus diesem *essential* mitnehmen können

- Durch Annahmendiskussion Blick auf die Zustände in deutschen Finanzmärkten
- Ausblick auf künftigen Einfluss von Wertpapierleihe und Repos auf Optionspreis- und Futuresbewertung
- Fragen zum risikofreien Zins als dominante Größe zur Überlassung von Geld oder Kapital bei gezeigten Strategien
- Anleitung zum Erzielen einer Überrendite mit Wertpapierleihe und Repos

R. Hohmann, *Wertpapierleihe und Repos*, essentials,
https://doi.org/10.1007/978-3-658-38621-4

Epilog

In dieser Arbeit wurden Strategien mit Wertpapierleihe und Repos vorgestellt. Weitere Gedanken dazu drängen sich auf.
Nicht abschließend geklärt ist, warum Wertpapierleihe und Repos unterschiedliche relative Leiheprämien und Repo-Sätze haben, obwohl sie wirtschaftlich vergleichbar sind. Ein Erklärung hierfür könnte in den Property-Rights liegen. Die Bewertung von Eigentum könnte dafür eine relevante Größe sein. Hier liegt ein Ansatz zur Forschung in der Zukunft.

Optionen werden über die Put-Call-Parity bewertet. Wie oben aufgeführt besteht dabei die Gelegenheit zum Erzielen einer Überrendite. Wertpapierleihe und Repos sollten dann in der gezeigten Optionsbewertung eingebettet sein. Ebenso in anderen Bewertungstheorien, wie die Duplikation von Optionen oder dem Model von Black und Scholes und dessen Weiterentwicklungen.

Mit den vorgestellten Strategien können Marktteilnehmer Überrenditen erzielen, unabhängig von der Höhe des risikofreien Zinssatzes. Sie können es mit der Wertpapierleihe bei einem risikofreien Zinssatz realisieren, der sowohl über oder unter dem Satz für die Leiheprämie liegt, oder auch bei einem negativen Zinssatz, wie in der jüngeren Vergangenheit. Ist der risikofreie Zinssatz aber nicht mehr ausreichend relevant, so ist zu fragen, wie groß seine Bedeutung als Preis für die Überlassung von Geld oder sogar Kapital ist. Die Antwort auf diese Frage ist zukünftigen Arbeiten vorbehalten.

R. Hohmann, *Wertpapierleihe und Repos*, essentials,
https://doi.org/10.1007/978-3-658-38621-4

Literatur

Adrian, Tobias, Begalle, Brian, Copeland, Adam, Martin, Antoine (2011) Working Paper – Repo and securities lending, o. O., 2011.

Benders, Rolf (2006) Börse senkt Repo-Gebühr, in HB, Nr. 94, 16.5.2006, S. 111.

Blitz, Jürgen, Illhardt, Jörg (1990) Wertpapierleihe beim Deutschen Kassenverein, in Die Bank, 3/1990, S. 142–149.

Brooks, Alison (1995) Orange Blues, in: Repo, a RISK REPO supplement, November 1995, S. 10–13.

Brooks, Alison (1996) Equity Repo Comes Of Age, in Risk, Vol. 9, Nr. 10, October 1996, S. 2–3.

Burke, Kevin, Martello, George (1997) The Evolution of Securities Lending, in Securities Lending and Repurchase Agreements, Hrsg. Frank J. Fabozzi, New Hope, Pennsylvania, 1997.

Caan, Jr., G. William (1997) Managing Internal Lending Programs, in Securities Lending and Repurchase Agreements, Hrsg. Frank J. Fabozzi, New Hope, Pennsylvania, 1997.

Cahn, Andreas, Ostler, Nicolas (2008) Eigene Aktien und Wertpapierleihe, in Working Paper Series Nr. 76, Hrsg. Institute For Law And Finance – Johann Wolfgang Goethe Universität-Frankfurt, 01/2008.

Chichilinsky, Graciela (2012) Short Sales and Financial Innovation: How to Take the Good while Avoiding Widespread Default, 2012, S. 5–8, in Greg N. Gregoriou, Handbook of Short Selling, Elsevier Inc, Oxford, 2012.

Choudhry, Moorad (2006) The REPO handbook, First edition – Reprinted 2004, 2006, Butterworth- Heinemann, Oxford, UK, 2006.

Cohen, Jeff, Haushalter, David, Reed, Adam V. (2004) Mechanics of the Equity Lending Market, in Short Selling, Strategies, Risks, and Rewards, Hrsg. Frank J. Fabozzi, John Wiley & Sons, Inc, Hoboken, New Jersey, 2004.

Cox, John C., Rubinstein, Mark (1985) Options markets, Englewood Cliffs, New Jersey, 1985.

DÀmario (1997) The Nondollar Repo Market, in Securities Lending and Repurchase Agreements, Hrsg. Frank J. Fabozzi, New Hope, Pennsylvania, 1997.

Fabozzi, Frank J., Jacobowitz, Eliot (1997) Understanding Cash Collateral Reinvestment Risks, in Securities Lending and Repurchase Agreements, Hrsg. Frank J. Fabozzi, New Hope, Pennsylvania, 1997.

R. Hohmann, *Wertpapierleihe und Repos,* essentials,
https://doi.org/10.1007/978-3-658-38621-4

Fabozzi, Frank J., Mann, Steven V. (2005) Repurchase and Reverse Repurchase Agreements, in Securities Finance, Securities Lending and Repurchase Agreements, Hrsg. Frank J. Fabozzi und Steven V. Mann, John Wiley & Sons, Inc, Hoboken, New Jersey, 2005.

Faulkner, Mark C., Sackville, Charles L. Stopford (1997) Finding A Route to Market: An Institutional Guide to the Securities Lending Labyrinth, in Securities Lending and Repurchase Agreements, Hrsg. Frank J. Fabozzi, New Hope, Pennsylvania, 1997.

Faulkner, Mark C. (2000) Securities Lending & Corporate Governance, o. O., 2000.

Faulkner, Mark C. (2005) Finding a Route to Market: An Institutional Guide to the Securities Lending Labyrinth, in Securities Finance, Securities Lending and Repurchase Agreements, Hrsg. Frank J. Fabozzi und Steven V. Mann, John Wiley & Sons, Inc, Hoboken, New Jersey, 2005.

Godek, Manfred (2001) Leerverkauf als Strategie, in HB, Nr. 186, 26.9.2001, S. B11, B12.

Häuselmann, H., Wiesenbart, T. (1990) Die Bilanzierung und Besteuerung von Wertpapier-Leihgeschäften, in Wochenschrift für Betriebswirtschaft, Steuerrecht, Wirtschaftsrecht, Arbeitsrecht, 43. Jg., Heft 43.

Heinke, Eberhard (1992) Das kurzfristige Überlassen von Papieren eröffnet den Anlegern neue Ertragsquellen, in HB, Nr. 165, 27.8,1992, S. B 23–B 24.

Hohmann, Ralf (1991) Der Einfluß der Wertpapierleihe auf die Bewertung des DAX-Future, in KaRS Kapitalanlagen, Heft 8/9, 1.9.1991, S. 574–582.

Hohmann, Ralf (1992) Wertpapierleihe und Put-Call-Parität – ein deutsches Free Lunch?, in Die Bank, 3/1992, S. 160–163.

Hohmann, Ralf (1995) Mit Repurchase Agreement und Wertpapierleihe mehr Gewinn erzielen, in Blick durch die Wirtschaft, 17.11.1995.

Hohmann, Ralf (1996) Portfolio Insurance in Deutschland – Strategien gegen Aktienkursverluste, Wiesbaden: DUV. Dt. Univ.-Verl., 1996.

Homm, Florian und Dag, Gublan (2017) Die Kunst des Leerverkaufes, Hrsg. DIE ZWEITE MEINUNG GmbH, Hattersheim, Deutschland, 2017.

Hull, John C. (1993) Options, Futures, And Other Derivative Securities, Second Edition, Prentice Hall International Editions, Englewood Cliffs, New Jersey, 1993.

Jacklin, Nancy, Felsenthal, David (1997) International Legal and Regulatory Concerns, 1997, S. 189–200, in Securities Lending and Repurchase Agreements, Hrsg. Frank J. Fabozzi, New Hope, Pennsylvania, 1997.

Janowski, Till (2017) Aktien Leerverkauf mit inversen ETFs, Hrsg. AutorenServices.de, Fulda, Deutschland, 2017.

Jensen, Mathew R., Scheetz, Robert W. (1997) Performance Measurement For Securities Lending, in Securities Lending and Repurchase Agreements, Hrsg. Frank J. Fabozzi, New Hope, Pennsylvania, 1997.

Jörg, Edmund (2020) Gier nach Leerverkäufen, BoD, Norderstedt, Deutschland, 2020.

Jurgeit, Ludwig (1989) Bewertung von Optionen und bonitätsrisikobehafteten Finanztiteln, DUV, Dt. Univ. Verl., Wiesbaden, 1989.

Kirchner, C. (2007) Kampf um jeden Basispunkt, in HB, Nr. 76, 19.4.2007, S. 28.

Kokologiannis, Georgios (2012) Riskante Abwärtsspekulation, in HB, 32, 14.2.2012, S. 38,39.

Kolb, Robert W. (1991) Understanding Futures Markets, Third Edition, Kolb Publishing Company, Miami, Florida, 1991.

Kumar, Amit (2015) Short Selling, Finding Uncommon Short Ideas, Columbia University Press, New York, 2015.

Landgraf, Robert (1991) Deutscher Markt hat die Wertpapierleihe akzeptiert, in HB, Nr. 40, 26.2.1991, S. 41.

Landgraf, Robert (2003) Wertpapierleihe kommt in Mode, in HB, Nr. 231, 1.12.2003, S. 19.

Ledwig, Kai (2017) Wertpapierleihen von Versicherungsunternehmen, Hrsg. Fred Wagner, Verlag Versicherungswirtschaft, Karlsruhe, Deutschland, 2017.

Leez, Markus (2007) Wertpapierleihe – Rechts- und Verfassungsfragen der Unternehmenssteuerreform 2008, GRIN Verlag, Norderstedt, Deutschland, 2007.

Limmert, Michael (1994) Die Wertpapierleihe, Veröffentlichungen des Lehrstuhls für Allgemeine Bank- und Versicherungs- Betriebswirtschaftslehre an der Friedrich-Alexander-Universität Erlangen – Nürnberg, Herausgeber Professor Dr. Oswald Hahn, Nürnberg, 1994.

McCrary, Stuart (2012) Financing Techniques for Short Sellers, 2012, S. 120–122, in Greg N. Gregoriou, Handbook of Short Selling, Elsevier Inc, Oxford, 2012.

Miller, Kenneth A. (1997) The US Dollar Repo Market, in Securities Lending and Repurchase Agreements, Hrsg. Frank J. Fabozzi, New Hope, Pennsylvania, 1997.

Nazzaro, Anthony A. (1997) Evaluating Lending Options, in Securities Lending and Repurchase Agreements, Hrsg. Frank J. Fabozzi, New Hope, Pennsylvania, 1997.

Nazzaro, Anthony A. (2005) Evaluating Lending Options, in Securities Finance, Securities Lending and Repurchase Agreements, Hrsg. Frank J. Fabozzi und Steven V. Mann, John Wiley & Sons, Inc, Hoboken, New Jersey, 2005.

Oegerli (1991) Securities Lending & Borrowing, Schweitzer Bank, 1991/1993.

O.V. (1995) Glossary: Common terms used in the repo market, in RISK REPO supplement, November 1995, S. 27–28.

O.V. (2004) Global Securities Financing, Clearstream, Deutsche Börse Group, 2004, S. 1–13.

O.V. (2010) Finance Trader – Pensionsgeschäfte, Hrsg. Finance Trader International GmbH, 2.4.2010.

O.V. (2013a) Eurex, in Wikipedia, Ausdruck aus dem Internet, 24.9.2013a.

O.V. (2013b) Wertpapierleihe – Das ganze Potential des Portfolios erschließen, Hrsg. Blackrock, Ausdruck aus dem Internet von 4.9.2013b.

O.V. (2020) Securities Lending Times, 2020, S. 1–27.

Oechler, Eckhard (1992) Wertpapierleihe und Repo-Geschäfte in bankenaufsichtlicher Perspektive, in Die Bank, 10/92, S. 567–574.

Oho, Wolfgang, v. Hülst, Rüdiger (1992) Steuerrechtliche Aspekte der Wertpapierleihe und des Repo-Geschäfts, in DB, Heft 51/52 vom 18.12.1992, S. 2582–2587.

Pantel, Simone (2000) Wertpapierleihe und Wertpapierpensionsgeschäft. Ein betriebswirtschaftlicher Vergleich. Hausarbeit im Fach Finanzwirtschaft, Fachbereich Wirtschaft Sankt Augustin, Fachhochschule Bonn-Rhein-Sieg, 27.10.2000.

Parnes, Joseph (2020) Short Selling for the Long Term, John Wiley & Sons, Inc, Hoboken, New Jersey, 2020.

Rettberg, Udo (2009) Kampf um Kundenaufträge, in HB, Nr. 116, 22.6.2009, S. 20.

Schmidt, Hartmut (1979) Liquidität von Finanztiteln als integrierendes Konzept der Bankbetriebslehre, in Zeitschrift für Betriebswirtschaft, 49. Jg., Heft 8, 1979, S. 710–722.

Schmidt, Hartmut (1981) Wege zur Ermittlung und Beurteilung der Marktrisiken von Banken, in Kredit und Kapital, 14. Jg., 1981, S. 249–286.

Schmidt, Hartmut (1988) Wertpapierbörsen, München 1988.
Sloan, Robert S. (1997) The Role of Carry in the Equity Markets, in Securities Lending and Repurchase Agreements, Hrsg. Frank J. Fabozzi, New Hope, Pennsylvania, 1997.
Sommer, Ulf (2014) Computerhandel begann mit einem Crash, in HB, 4.-6.4.2014, S. 6–7.
Van Horne, James C (1994) Financial Market Rates And Flows, Fourth Edition, Prentice-Hall Inc, Engelwood Cliffs, New Jersey, 1994.

Printed in the United States
by Baker & Taylor Publisher Services